稼ぐ「人財」育成のことがわかる本

柴田 亨 著

セルバ出版

はじめに

本書は、次の方のために書きました。

・売上・利益を出す「稼ぐ人財」を育成したい経営者・人財育成責任者・個人事業主の方
・企業に勤めているが、このままでいいのか不安である方
・起業したいが、不安があり、もう何年も過ぎている方

これらの悩み・不安・フラストレーションを完全に払拭することはできません。

しかし、悩み・不安・フラストレーションを減らすことで冷静になり、解決策を考え、探すことができるようになることが大切です。

その悩み・不安を減らす効果が高いシンプルステップがあります。

私はコンサルティング業界に17年以上いていろいろな会社を見てきていますが、意外にも、これが実践できていません。

それは、

・どこに行きたいか（目的地）を知る
・今どこにいるか（現在地）を知る

・最短でそこに行くにはどうすればよいか（手段・経路）

これがシンプルな戦略３ステップです。

見込み客と商談をする、旅行に行く、子供の入学式・卒業式に行くなど、ありとあらゆることで、このシンプル３ステップを検討・実践していますが、なぜかビジネスではできていないことが多くあります。

（もちろん、ビジネスでは相手（お客様、競合他社など）がありますので、自分でコントロールできない要素が増えます。各要素に対して、シンプル３ステップを検討、実践して改善を繰り返すことが大切です）

先ほども書きましたが、私はコンサルティング業界に17年以上身を置き、約２０００人以上の経営者、幹部、リーダークラスの方々と接してきて、評価がずば抜けて高くスピード出世する人財、稼ぎ続ける人財において共通点があることを発見しました。

先ほどお伝えした、シンプルな戦略３ステップもその1つです。

私自身、劣等感、無力感、数々の挫折を味わう日々での試行錯誤を通じ、私は三段階飛び級で取締役になることができました。

それは、私の能力が高かったということでは断じてありません。

また、コンサルティング・ビジネスで年収億を軽く超えるメンター3人との出逢いがあり、彼らから学んだことを活かし、独立して4か月で1000万円を超えるコンサルティング・ビジネスを構築できました。

研修は2年先まで予約が入り、個人起業家向けコンサルティングでも90分で10万円を超える単価でも受注できるようになりました。

その理由は、先ほどお伝えしましたように私の能力が優れていたからではありません。人脈があったからでもありません。

・2000人を超える稼ぎ続ける人財の共通点

・私自身が試行錯誤しながら掴んだ知見・ノウハウ

・年収億円を稼ぐメンターからの学び

を少しずつでもコツコツと実行しただけなのです。

本書では、その中でもシンプルだけれども重要な原則に絞って、「稼ぐ人財育成のガイドライン」としてエッセンスをシンプルにまとめてみました。

私が、シンプルなことにこだわる理由は、シンプルでないと実践できないからです。

難しいことだと、それを理解するのにエネルギーが多く使われ、面倒くさくなり実践するまで行きつかないことを経験しましたし、そこがブレーキとなっている人を多数見てきました。

難易度の高い書籍を読んでいた時期がありましたが、知らないことを知ったという知識欲が満たされただけで、行動に繋がることは、まずありませんでした。

さらに、怖いことには、自分自身が知らないことが多くあることに気づくと、もっと知らなければと別の書籍に手を出し続ける循環に入ってしまうことで、行動には全く繋がらないサイクルに突入してしまうことです。

水泳の本やＤＶＤなどで学んでも実際に水に入る行動を起こさないと泳げるようにならないように。

ですので、先ずは、アウトプット前提でインプットを行うことを強くオススメします。

先ずはやってみる。

（アウトプットする）

↓

そして、不足していることを知る。

（そのためには、できる人からフィードバックを受けてください）

↓
改善するために学ぶ。
（インプットする）

また、勉強熱心なあなたがすでに知っている内容が本書にあれば、「ここでも出てきた。やはり、これは非常に重要なことなのだ」と認識して、とにかくすぐに実行して結果をみて改善してください。

本書でも書きましたが、「スピード」は稼ぐ人財にとって欠かせない要素の1つです。

知識やノウハウは自動車のガソリンです。

自動車を走らせることなく、ガソリンを燃料タンクに注ぎ続け、ただ地面にこぼれている、そんな人をよく見かけます。

しかし、あなたは違います。

稼ぐ人財になるべく、必要なガソリン（知識・ノウハウ）を入れて、自動車を遠くまで走らせてください。

時代が変わっても、環境が変わっても、どんな状況でもお金に困ることなく、たくましく一度きりの人生を謳歌できる、そのような人こそ「稼ぐ人財」です。

そして、「稼ぐ人財」をどのような観点で育成するのか、本書でその処方箋を示したいと思います。

本書との出逢いが、あなたの稼ぐ人生のきっかけとなればこれに勝る喜びはありません。

なお、本書では「稼ぐ人財育成」という表現は、

・経営者、幹部の方が部下を育成する

・自分自身が稼ぐ人財になるように自分を育成する

という2つの意味を持つ点があることをご了承いただければと思います。

2019年4月

柴田　亨

稼ぐ「人財」育成のことがわかる本　目次

■1日目　ビジネスの本質を知る

■2日目　スピードは正しさに勝る

■3日目　自分が不在でも回る組織をつくる

■4日目 売上を5倍にする市場選定法

■5日目 商品を変えずに売上を5倍にする

6日目 冷やかし客との商談はあり得ない

7日目 勝ち続けるための3つの視点

■エピローグ

プロローグ

現実を直視せよ、今こそチャンス到来！

・ＡＩ、外国人労働者、老後破産の脅威

ＡＩにとって代わられる仕事。
ファーストフード店には外国人労働者があふれる光景。
老後破産の脅威。
副業解禁企業の増加。
私たちの身の回りでも以前にはなかった変化が起きています。
あなたも、ニュース、報道などでも、詳しくご存知ではないでしょうか。
あなたは、このような変化に対して何を感じますか？
自分には関係ないと思われますか？
不安ですか？
恐怖ですか？
実はどれでも構いません。もっと大切なことがあります。
それは、なぜ、あなたはそのように感じるのか、ということを仮でもよいので明らかに

することです。

自分には関係ないと思う方であれば、そう思う理由や根拠を考えてみましょう。

業績好調の会社にお勤めだから。

高学歴だから。

すでに経営陣にまで出世したから。

このような感じでしょうか。

自分には関係ない、対岸の火事である、と思う方の傾向として、世の中の動きや現実のリサーチや情報収集が少ないことがあります。

一度、真剣にリサーチしてみてください。

それでも大丈夫だと胸を張って言える方は少ないかもしれません。

不安や恐怖を感じる方は、それはなぜ感じるのでしょうか。

失業し、路頭に迷う可能性を感じるからでしょうか。

不安や恐怖を感じる方に多いのは、不安や恐怖を感じたままで何の行動も起こさず手を打たないことです。

何が自分には不足しているのか、冷静にみてください。

ビジネスは需要と供給のバランスがカギです。
あなたの会社の人材需要をみてください。
この需要を外したキャリア開発では高報酬は得られにくいので十分にご注意ください。

・日本の労働生産性は最下位（先進7か国で）

働き方改革が叫ばれ、生産性向上に関する書籍が多い昨今、日本の労働生産性（就業者1人当たりが働いて生み出す付加価値の割合、簡単に言えば、仕事効率）は世界的に見て、どのくらいかご存知でしょうか？

２０１７年の統計によると、ＯＥＣＤ加盟36か国中第21位です。

そして、なんと先進7か国では１９９４年から23年連続で最下位なのです。

日本人は長い時間をかけて働いてはいるが、成果に繋がっていないということで、これは即改善する必要があります。

なぜなら、

①経営者にとっては、成果が出ていないのに残業代など人件費負担増。

②社員にとっては、成果が出ないことにやりがいを感じにくく、やらされ感が強く出てメンタルヘルスに悪影響。

←

この事態を避けるためにも、成果が出るやり方を特定し、そこに集中して短時間で成果を出す会社風土をつくることが経営者の課題と言えます。

・大富豪8人の資産額＝貧困層36億人の資産額

貧困撲滅に取り組む国際NGO（オックスファム）によれば、

大富豪8人の資産額　＝　貧困層36億人の資産額（4260億ドル…日本円で約48兆6000億円）

との衝撃的な事実を発表しています。

ここから何を感じることができるでしょうか。

これからは益々二極化する。

同じ人間でなぜこれほどの貧富の差が出るのか。

これは極端な話かもしれません。

ただ、ハッキリ言えることがあります。稼ぐ人は、それは価値提供が大きいのです。

価値提供の数が多いのです。

つまり、どれだけ多くの人々に幸せ、便利さ、楽しさ、苦痛からの回避などを届けた結果、受け取っている対価なのです。

(もちろん、自分が働かなくとも価値を届けられる仕組み、それを管理できる人財を育成・配置しているわけです)

ここに稼ぐ人財になる、そうした人財を育成するカギがあります。

そうです。どれだけ大きな価値を数多くの人に提供できるかどうか、ということです。

・あなたの会社は生き残れるか

ここであなたに質問です。

93・7%。

これは何の数字だと思いますか。

先のサブタイトルに「あなたの会社は生き残れるか」と書きましたので、もうおわかりかもしれませんね。

そうです。これは、国税庁の調査によるある年の「設立10年以内で会社倒産、解散の確率」の数字です。

・設立5年以内では、85％
・設立10年以内では、93・7％
・設立20年以内では、99・7％

という数字が公表されています。

どう思われますでしょうか。

何を感じますでしょうか。

もしかすると、「うちの会社は大丈夫なのか」と怖さを感じる方も多いかもしれません。

だからこそ、ここで冷静に考えてみてください。

「うちの会社は、どれだけ多くのお客様にどれだけ大きな価値を届けられているのか」

ここを知ることが、稼ぐ人財育成のスタートを切ることができます。

この数字を「ガイドライン」として、本気で、稼ぐ人財育成に今すぐ着手してみてください。

・あなたは生き残れるか

あなたの会社、あるいは周囲に存在する、稼ぐ人財（トップ営業パーソン、ハイパフォーマー、ずば抜けて評価の高い人財など）を思い浮かべてください。

その方々とあなたは何が違うでしょうか。

今の現状があるのには、必ず理由が存在します。

私にはクライアント企業の管理職の方々が数多くいますが、その中でも特に出世（昇格、昇進、昇給、大幅な権限移譲など）が、ずば抜けて早い方々には、ある共通した特徴があります。

それは、「経営者から桁違いに好かれている」こと。

なぜ、それほどまでに好かれているのか？

それは、その経営者が人財に対して要求すること、期待することを知り尽くしているのです。

つまり、経営者の人財に対する需要を把握して、それに必ず応えている点が秀逸なのです。

あなたは、経営者の需要をどのくらい理解していますでしょうか（経営者の方は、お客様の需要と置き換えていただければと思います）。

・格差社会を生き残るためのスキルとは

では、どうすれば経営者やお客様の需要が理解できるのでしょうか。

その回答として意外に多いのは、想像する、です。

これは、間違ってはいません。しかし、ここで止まっていては失敗に終わります。

この想像した内容を仮説として、経営者やお客様に投げて、合っているかどうかを検証しなければ単なる思い込みで終わってしまいます。

そして、検証結果を新たな仮説として繰り返し投げ検証することで、外しようのない需要を把握することができるのです。

つまり、よく相手を観察して仮説を立てる（インプット）

←

その仮説を、相手に投げて検証する（アウトプット）

↓

その結果を検証する（フィードバック）

このステップを繰り返すことで、外しようのない需要を得る。

そして、行動（供給）して需要に応え続ける。

まずはやってみてください。

それは知っていますよ、と言う方もいらっしゃるかもしれません。

そういう方にありがちな傾向として、知っているけど実行している方は驚くほど少ないという事実です。

本書をお読みになられている方々は、勉強熱心でセミナーなどにも数多く参加されているかもしれません。

そこで、得られた情報やノウハウは、実はまだ、ノウハウではありません。

あなたが、実際に実践して、得られた結果や改善のプロセスで掴めたこと。

これこそが「あなたのとっての本物のノウハウ」なのです。

出典は何か忘れましたが、億万長者の共通点を調べた調査結果があります。

それによると、「学び、気づきやアイデア」から「それを実行する」までのスピードがダントツに速いということがわかっています。

・稼ぐこと　＝　貢献すること

今までお伝えしてきたことから、
稼ぐこと　＝　価値提供の大きさ　＝　需要の大きさに応えること
という図式が見えてきたかと思います。
ただ、そうは言っても、「稼ぐこと」に対して「稼ぐことは、がめつい」、「何か売りつけられる」、「搾取することでは？」など、若干ネガティブな印象を持たれる方もいらっしゃるかもしれません。
稼ぐことに対してネガティブな世界や業界でビジネスを行っている場合は、稼ぐという言葉を使わないほうがよいかもしれません。
なぜなら、そのような世界で「稼ぐ」という言葉を連呼すれば、あなたに対してネガティブなイメージを持たれ、あなたが不利益を被る可能性があるからです。
その場合には、「貢献する、お役に立つ」など、その業界でポジティブな響きを持つ言葉を用いてください。

「郷に入りては郷に従え」です。

ただ、私の知る限り、稼いでいる社長、起業家、トップセールスの方などは、「稼ぐ」という言葉に超ポジティブな印象を持っています。

正々堂々と稼ぐことにまい進できるのです。

・稼ぐ理由の強さで収入は決まる

あなたはどのくらい稼ぎたいでしょうか？

年収1000万円？

それとも、3000万円？

いやいや、1億円？

大切なのは、その稼ぐ理由です。

もっと言えば、稼いだお金を何に使いたいか、その結果、どのような感情を得たいのか、がハッキリしているほど、その金額を稼げる可能性が高くなるようです。

要は、稼ぎたいと本気で思える理由があればあるほど、実現可能性が飛躍的に高まるということです。

フェラーリ、ポルシェなどの高級車に乗りたいという方が時々いますが、

「乗るために今何をやっていますか？　そのために日々何をやっていますか？」

と質問すると、

「まだ、特に何もやっていないのですが…」

とばつが悪そうに回答する方が驚くほど多くいます。

これは、別にフェラーリに乗らなくても、何も困ることがない、つまり、フェラーリに乗る本気で稼ぐ理由がない、という証拠です。

・人財育成のハイウェイ理論とは

私個人としては、稼ぐ人財育成をおススメしています。

なぜなら、稼ぐことで、人生をより謳歌する選択肢が増え、自由度が大きくなるからです。

例えば、稼いでいれば、子供が海外に留学したいと言えば、それを叶えることができます。

奥さんにも充実した時間を過ごせるコミュニティーや習い事などを存分に提供することができます。

たった一度しかない人生ですから、謳歌するためのより多くの選択肢を提供することができます。

しかし、人の価値観は多様にあります。

ハイウェイ（高速道路）をイメージしてみてください。

・速いスピードで追い越していきたい車
・普通の速度で安全に走行したい車
・初心者なのでゆっくりと走行したい車

のように主に3つのコースが用意されています。

同様に人材にもこのようなコースを希望する価値観を持っています。

出世を特に望まないし、別にガツガツと稼ぎたくないよ、周囲と楽しく仕事できていればそれでOKという人材もそれなりにいます（これを私は、人財育成のハイウェイ理論と呼んでいます。各コースにフィットした、育成モデルを策定する訳です）。これは是か非か、という問題ではなく、経営者の人財需要がそれを許容できるかどうかです。

今の世の中の動きや状況（ＡＩ・外国人労働者の脅威、老後破産、働き方改革など）を示しながら、今のままでいることのリスクを何度も言い続けると、心変わりすることが多くあります。

ちなみに、脳科学上、一度言っただけでは、効果はなく、何度もいい続けてやっと定着します。

ドイツの心理学者エビングハウス氏が導いた「人間の脳の忘れるしくみ」によれば、

・20分後には42％を忘れる
・1時間後には56％を忘れる
・1日後には74％を忘れる

ということで、「人は忘れるのが当たり前」を前提としています。

私自身もセミナーや書籍などで、強い学びや気づきがあった場合でも、次の日には全く思い出せないことがよくあり、「忘れることの脅威」を痛感しています。

反復的に言い続けたり、復習することで、その学びや気づきが確実に定着可能になります。人が積極的に動くようになる魔法のメソッドを82ページ「人を動かす世界最強のフレームワーク」で紹介しています。

これまでにダイジェストのような形で、あなたを取り巻く現実、環境などをお伝えしました。

ご関心ある方は、より詳細な各種データ、統計情報等、ご参照ください。

ただ、注意点を1つ。

それは、精緻な数字に囚われすぎないこと、です。

もちろん、各種データや統計情報は、貴重な情報であることには変わりありませんが、データ取得時の世相、トレンド、対象者の状況、前提、背景等、あなたが置かれている状況とは異なることが多くあります。

あくまで、参考情報としてとらえ、積極的に行動する起爆剤として活用してください。

このデータや統計情報を知ることで、あなたの行動が止まってしまっていては本末転倒になります。

行動なくして、現実は一ミリも変わることはありません。

現実を直視して、

「今こそ、チャンス到来！」

とポジティブに行動を起こしましょう。

1日目

ビジネスの本質を知る

・コーヒー1500円に含まれる価値を知る

昼下がりの眠気に襲われやすいときに、あなたはどこでコーヒーを飲まれますか？（コーヒーを飲まれない方は、お気に入りのフレッシュドリンクと置き換えてみてください）

・スターバックス？
・ドトール？
・マクドナルド？
それとも
・コンビニの持ち帰りコーヒー？

私も会社員時代は、コンビニでの持ち帰りコーヒーをよく買っていました。

でも、今ではホテルのラウンジで飲むことが多いです。

ラウンジだと、コーヒー一杯で1000円〜2000円ほどかかります。

マクドナルドで買う場合の10〜20倍の価格なわけですが、なぜラウンジで飲むのでしょうか？

それは、ホテルラウンジが醸し出す雰囲気や空間、快適さを価値として私が買っているからです。

私は個人クライアントさんとコンサル面談するときには、ほぼ100％雰囲気が良く、快適に面談に集中できるホテルラウンジを選択しています。

昔、カフェチェーン店で面談した際に、隣との距離が近く、話の内容が聞こえてきて、それが面白くて肝心の目の前のクライアントさんの話が全く耳に入ってこなかった手痛い経験があります。

それ以来、集中できる環境を最優先しています。

これがラウンジだと、そのようなことは、ほぼありません。

お伝えしたいことは、10倍以上するコーヒー一杯の価格には、コーヒー以外の価値（上質な雰囲気や空間、おもてなしサービスによる自己重要感の向上など）が含まれるのです。

このようなコーヒーそのもの以外で感じる価値を「知覚価値」と言います。

例えば、時計を考えてみましょう。

時計の価値は、時間がわかることです（これを「本質価値」と言います）。

〔図表1　ホテルラウンジなどで提供される
コーヒーの価値（イメージ）〕

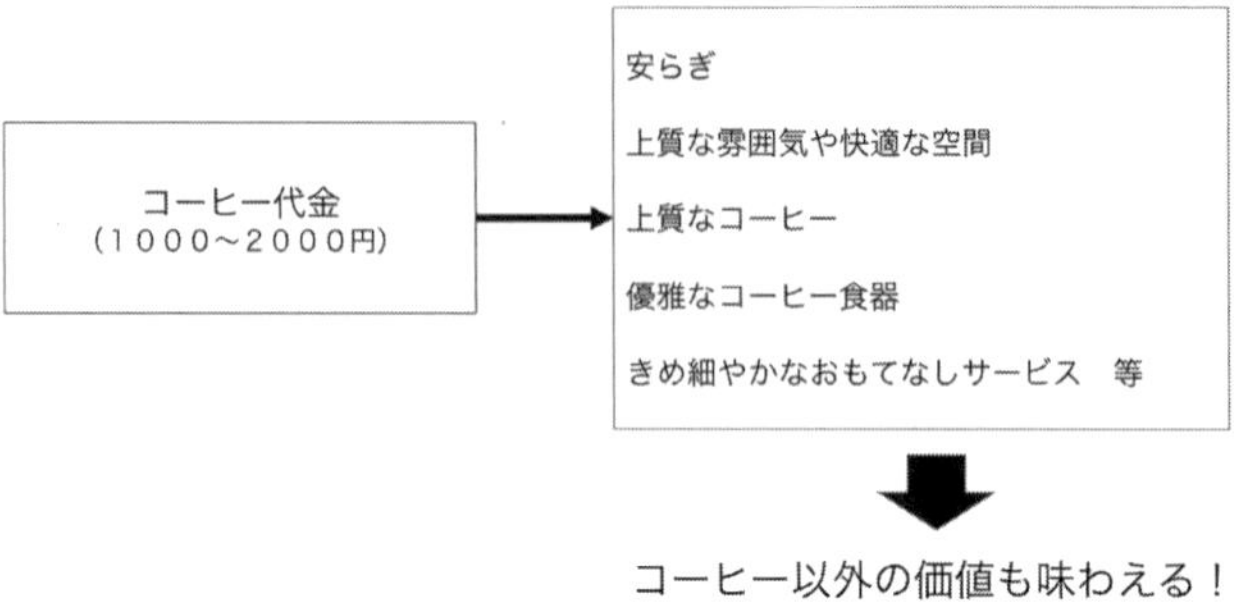

時間がわかればよいだけでしたら、アマゾンなどでは1000円以内で時計は買えます。

では、ロレックスの高級時計はなぜ数十万円以上するのでしょうか。

もちろん、高価な材料等を使用していることもありますが、それを所有することで得られる、感じられるステイタス、ブランドイメージ、他人への影響力などの「知覚価値」が大きく含まれているわけです。

こうした「知覚価値」を示し、購入者に訴求することで、高単価な価格設定でも販売可能であることがビジネスの本質の1つなのです（もちろん、購入者がその価値を欲していることが前提です）。

・良い商品をつくれば売れる、は幻想である

「良い商品をつくれば売れる！」

とあなたは思われますでしょうか？

「そんなの当たり前じゃないか！」

とあなたは声を荒げるかもしれません。

ここで1つ考えていただきたいことがあります。

例えば、あなたがコーヒー店の店主だとします。

研究熱心なあなたは、厳選したコーヒー豆を使い、世界品質の抽出器具で、高級洋食器ブランドであるミントンやウェッジウッドのような気品あるコーヒーカップで上質な本当においしいコーヒーを提供できるとします。

一方、コンビニではレジで購入し紙カップをもらい自分でコーヒーをボタン1つで煎れることができます。

味は圧倒的にあなたの入れるコーヒーのほうがよく上質だとします。

ここで質問です。

あなたのコーヒーでの売上は、全国展開コンビニで提供されるコーヒー売上を超えられるでしょうか？

そんなの無理に決まっていますよね。

そうです。良い商品だけでは売れないのです。認知と売る仕組みが大切なのです。

認知とは、あなたのコーヒー店とコンビニではどちらのほうに馴染みがあり知られているか。

コンビニは、ＣＭをバンバン流し、多額の広告費をかけて宣伝して、馴染みのコンビニとして圧倒的な安心感や信頼感があります。

一方、あなたのコーヒー店は、もしかするとご近所しか知らない程度の認知かもしれません。

また、売る仕組みとは、あなたのコーヒー店はあなたが煎れなければ成り立たないかもしれませんが、コンビニ店は、上質なコーヒーマシーンを導入し、高校生のアルバイトの方がコーヒー代金と引き換えに紙コップを渡すだけで、全国でしかも同時に販売可能で売上が立っています。

誤解を恐れずに言えば、売上を伸ばし稼ぐためには、コーヒーの味は最上級の品質である必要はありません。

お客様が離れないレベルでまずくなければよいのです。

お客様のニーズ、ウォンツを満たすことができればＯＫです。

・商品を先につくってはいけない。先ずは売る

サブタイトルを見て、「？・？・？」と思われた方もいらっしゃるかもしれません。

間違いではありません。

商品は先につくってはいけないのです。

どういうことか説明します。

売れるかどうか、わからない商品を大量に仕入れたり、高コストをかけつくり上げることは、避けなければならない大きなリスクなのです。

そういう意味で、ビジネスは「後出しじゃんけん」です。

つまり、売れるのが確認できてから、少しずつ仕入れ、売るのです。

企画や仮商品・サービスを小さく市場に出し、反応を見ます。

売れればつくりますし、売れなければつくらなければよいだけです。

これを「ドライテスト」と言います。

すでに需要があることを確認してから売るという、「ドライテスト」に基づいた商品やサービス開発によって行えば、折角高額投資をしたのに売れなかったという大失敗を未然に防げます。

これは、お客様にとっても自社にとってもハッピーなやり方なのです。

・ビジネスは価値交換

先ほど1500円のコーヒーの個所で説明しましたように、
100円コーヒー　＝　手軽に気軽に飲めるコンビニコーヒー
1500円コーヒー＝上質なコーヒー＋ゆったりとした快適空間・雰囲気＋おもてなしサービスでの自己重要感向上
という価値が交換されています。

つまり、商品・サービスに付随する価値をお客様は、お金という価値で交換しています。

これがビジネスの本質です。

だから、ビジネスで稼ぐ人財となりたいと願うなら、このお客様にとっての価値を考え、それを数多く提供する必要があります。

お客様にとっての価値を提供できるのであれば、労働時間の長さとか一生懸命にやったかどうかは、実はあまり関係ありません。

お客様にとっての価値から目をそらしていてはいけません。

・ピカソの絵＝０円⁉

ピカソの絵は、約２００億円で落札された作品もあるようです。

超高額ですね。

コレクターの方など、ピカソの絵に価値を見出す方にとっては、その金額で取引しても手に入れたいと感じられる価値があるわけです。

ところが、絵に関心のない人、スポーツにしか関心のない小学生にとっては、どうでしょうか?
もちろん、価値は感じられず、
ピカソの絵≒0
の方程式が成り立つ可能性があります。
このように、誰を対象にするかによって、同じものが200億円の超高額で売れもすれば、見向きもされないということが起こり得るのです。

・ビジネスの本質=問題解決

ビジネスとは価値交換だと先にお話しました。

この価値交換については主に2つあります。

1つは、願望達成。

例えば、ダイエットしてスタイルがよい魅力的な自分になるために、その手段として、サプリメント、トレーニングジム、脂肪吸引などの商品・サービスを購入するような場合です。

〔図表2　ビジネスは価値交換〕

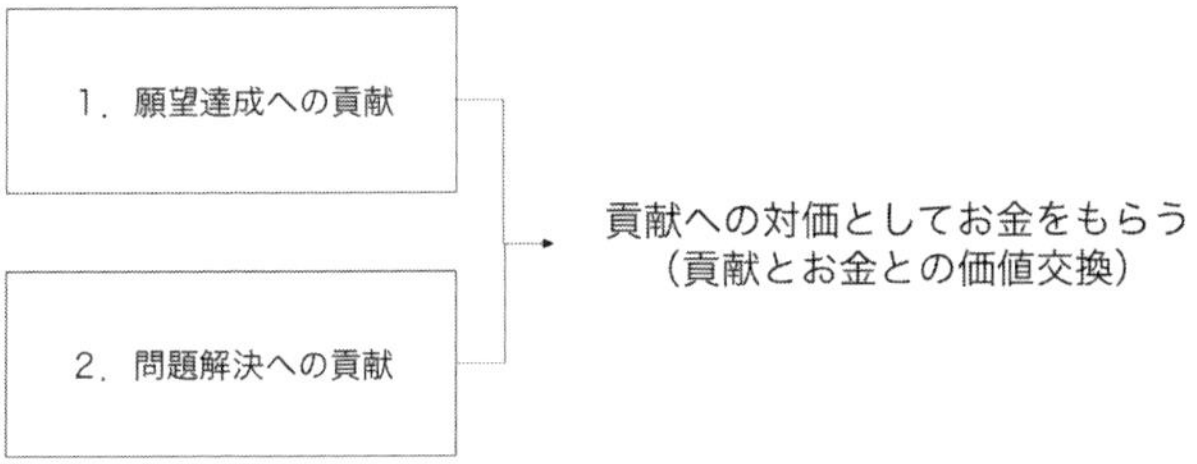

もう1つは、問題解決。

例えば、車のエアコンの効きがよくないので修理して問題解決するような場合です。

いずれの場合にしても、

願望達成への貢献↓お金という価値との交換

問題解決への貢献↓お金という価値との交換

が成り立っています。

場合にもよりますが、一般的には、願望達成よりも問題解決のほうが緊急性かつ重要性が高く、お金との交換、つまりビジネスがより速く成立しやすいと言えます。

（願望達成は、達成できなくてもものすごく困ることは少なく、問題解決は、放置しておくとものすごく困ることになる場合が多くあります）

・あなたは何にお金を払うのか

ビジネスの本質を考える上で、あなたが今までに何に対してどのくらいのお金を使ってきたのか（ここからがかなり重要ですが）、なぜその金額を投資や購入するに至ったかを振り返ることが、大きなヒントであり、わかりやすく気づきになると思います。

なぜなら、人間の購入ステップには大差がないからです。

なぜあなたはお金を使ったのでしょうか？

それが高額であればあるほど、そのプロセスを細分化してみることで、あなたが販売者として外してはいけない要素が明確になります。

例えば、非常に有名ですが、アメリカの経済学者ローランド・ホールが提唱した「アイドマの法則」という消費者の購買に至るまでの5つの心理プロセスモデルがあります。

①Attention（注意）　↓　商品を認知する

②nterest（興味）　↓　興味を持つ

③Desire（欲求）　↓　欲しいと思う

④Memory（記憶）→ 欲しい感情を記憶する
⑤Action（行動）→ 購入する

それぞれの頭文字をとって、「(AIDMA) アイドマの法則」と呼ばれています。

このモデルに沿って細分化してみれば深い気づきがあると思います。

さらに各心理プロセスにおいて、販売者が何らかの仕掛けを行っていることに気づかれるかもしれません。

例えば、

①(Attention) → 注意を惹く、好奇心を掻き立てられるようなタイトル
②(Interest) → 興味をわかせる、自分に必要な、自分のための情報だ！　と感じさせる情報
③(Desire) → その商品を手に入れたら得られるベネフィットへの期待感を抱かせるメッセージ
④(Memory) → 権威ある専門家の推奨、多数のお客様の声などで安心・確信を高める情報
⑤(Action) → 期間限定、特別価格などで行動促進を後押しする魅力的な提案・オファー

などが仕掛けられたりしています。

こうした販売者側の仕掛けをじっくりと観察してください。

高額商品でも購入する理由が少しずつ見えてきます。

あなた自身の分析が終われば、次はあなたのお客様の場合を複数リサーチしてください。

そのお客様の場合における共通点を知ることで、あなたの稼ぐ人財育成は加速していきます。

まとめ

◎価値には、「本質価値」と「知覚価値」の2つがある。
◎良い商品だけでは売れない。「認知と売る仕組み」が重要である。
◎ビジネスは「後出しじゃんけん」。「ドライテスト」で市場の反応をみる。
◎ビジネスは価値交換。労働時間の長さは関係ない。
◎同じ商品でも誰を対象にするかで、金額は激しく変わる。
◎願望達成と問題解決がビジネスの本質である。
◎あなたの購入プロセスを振り返ることが大きなヒントになる。

2日目

スピードは
正しさに勝る

・経営者が一番求めることは、正しさではなくスピード

1日目で、「稼ぐ＝価値の提供・交換」であることを改めてお伝えしました。

あなたが管理職・社員である場合、稼ぐ人財を育てたり、自分自身が稼ぐ人財になるために、価値を提供する相手を考えないと始まりません。

それは誰でしょうか？

考えてみてください。

考えましたでしょうか？

そうです。1つは、お客様です。

お客様に価値を感じてもらい、その価値を提供することで売上が立ち、リピートや拡大受注に繋がることで、貢献する＝稼ぐ、となるわけです。

当たり前じゃないか！　と思われますよね。

ここは多くの方がクリアされていますので、心配はあまりしていません。

ところが、問題は2つ目です。

それは、経営者です。

一般社員の方であれば上司である管理職となりますが、中小企業の場合、社長と一般社員の距離は非常に近く、社長への価値提供を今のうちから意識し、実践しなければなりません。

実のところ、経営者から見て、管理職も一般社員も同じような序列で見ているという経営者はかなり多くいます（文鎮のようなイメージです）。

一般社員の方でも「うちの社長は何を望んでいるのか、期待しているのか」に今のうちからアンテナを張っているかどうかで勝負は決まります。

1年後には同じ一般社員でも大きく差がつき、その差を埋めるのはかなり難しくなります。

では、経営者にとっての価値は何でしょうか。

それは、自分の下した意思決定や判断が正しかったかどうかを可能な限り早く知ることなのです。

つまり、誰よりも早く経営者の意思決定を実行し、それをすぐに報告・フィードバックできる人間が一番高い評価を得ます。

ここは意外と知っている人が少ないところです。

だからこそ、ここに、とにかくこだわってください。

経営者は神様ではないので、結果としてみると間違った意思決定も、それなりに多くあります。

だからこそ、いち早く、それを知って次の打ち手を素早く打てるかが、経営者にとっての重要な価値なのです。

もしかしたら、あなたのほうが、その現場を熟知していて、経営者よりも正しい判断や意思決定ができるかもしれません。

であるならば、経営者が意思決定を下す前までに意見具申をして正確な現場情報を伝え、よりうまくいく確率が高い策を進言すべきです。

しかし、一旦、意思決定が出てしまえば、明らかに間違っていると感じたとしても、あなたはそれをすぐに実行して、出た結果をすぐに社長に報告してください。

これが日常的にできるようになると、あなたへの評価や信頼は大きく向上し、スピード出世すること間違いなしです。

経営者が最も嫌うのは、意思決定した後で、あれこれ言ってくるような批判的な人間です。

あなたが経営者になってみると、ここまでお伝えしてきたことに対して深く共感できると思います。

経営者はスピードで勝負している、ことを覚えておいてください。

・悪い知らせは一番早く報告せよ

経営者が悪い報告を聞くたびに激怒するような関係性であれば、悪い知らせを積極的に報告するのは大変に気が重たいことだと思います。

私も数多く経験がありますので、その気持ちは痛いほどよくわかります。

しかし、今まで説明したとおり、経営者は、自分の指示したことがどうなっているのかが非常に気になっています。

もし、それがうまくいっていないのであれば、それを早く知りたいのです。

次の手を打ちたいのです。

改善したいのです。

大きな問題やトラブルが発生したりすると、経営者には報告しづらいものです。

しかし、あなたが稼ぐ人財になりたいのであれば、何よりも早く、良くない報告とあなたなりの改善策を提案してください。

経営者はこのように言うことはありませんか？

「で、君はどうしたいの？」

この問いにあなたが応えきることが経営者にとっての価値なのです。

極論すれば、うまくいったことは報告なしでも構わないぐらいです。

それが原因で会社が不利益を被ることはないからです。

どんなに気が進まず億劫でも悪い報告は速攻で行ってください。

あなたが経営者であれば、その原則を徹底して社員に教えて、実際に要求してください。

はじめから悪い報告を積極的に行う社員はいません。

経営者が本当に困るのは、悪い報告が手遅れの状況で耳に入り、対策が後手後手になり、大きな会社の損失につながることです。

そういう経営者の心情を理解し、行動できることが、経営者にとっての価値であり、稼ぐ人財へのショートカットなのです。

・経営者の考えを察するな、とにかく聴け

要は、経営者が価値と感じることを知らなければ価値提供はできないわけです。
あなたは、経営者が何に価値を感じるか、ご存知でしょうか？
業績向上？
新規受注？
社内改善提案？
もちろん、そうしたこともあるかもしれません。
ここで大切なことをお伝えします。
それは、あなたが想像や推測するだけでは不十分だということです。
いや、多くの場合、あなたの想像は外れてしまうのです。
なぜか。
それは、あなたが経営者ではないからです。
あなたの日常と経営者の日常は異なり、背負う責任や見ている視点が違うからです。

では、どうすれば経営者の価値がハッキリと掴めるようになるのでしょうか？

それは、経営者に質問して聴くことです。

（聞くではないことに注意してください。聞くは、自然に音や声が耳に入ってくることです。聴くは、積極的に耳を傾けることです）

聴くことで、自分の考えていたこととの差異をチェックしてください。

なぜその差異が起きたのか？

どう考えれば差異が少なくなるのか？

これを繰り返すことで、あなたは、経営者の考えや価値を誰よりも早く掴み、稼ぐ人財となることができます。

・経営者と同じ空気を吸う時間を増やす

さらに経営者の価値を把握する秘策をお伝えします。

それは、「経営者と同じ空気を吸う時間を増やす」ことです。

一緒にいる時間を増やすことです。

質問して聴くことです。

本音を聴き続けることです。

よく観察することです。

経営者と同行し、立ち居振る舞いを観察することで、少しずつあなたの言動が経営者の言動と似てきます。

これは「ミラーニューロン」の影響なのです。

これは神経科学が証明した、この10年間で最も重要な研究結果と言われています。

ミラーニューロンとは、１９９６年、イタリアのパルマ大学のジャコーモ博士らによって発見されました。

「他の個体の行動を見て、まるで自分自身が同じ行動をとっているかのように反応する」ということで、日本のことわざで言えば、

「類は友を呼ぶ」

「朱に交われば赤くなる」

ようなイメージです。

平たく言うと、一緒にいる時間が長くなればなるほど経営者の考えや行動の影響を強く

受け、似てくる、ということになります。

また、経営者と同じ空気を吸う時間を増やすことで、もう1つ大きなメリットがあります。

それは、経営者の大変さを理解できる機会が増えることで、経営者への共感が生まれやすいことです。

私自身、勤務時代に経営者との同行が多くあり、経営者のぽつんと言った一言で、経営者が背負っている責任の大きさを痛感する瞬間がありました。

それは、「経営者は、辞表を出したくても出せないんだよ」

これを聴いて、経営者の辛さ、大変さなど、極めて大きな心労があることを直感的に深く理解、共感できた瞬間でした。

ここが経営者にとっての大きな価値となると判断した私は、経営者の心労を減らす行動を小さなところから開始し、毎日実行しました。

この結果、私は三段階の飛び級出世で取締役になりました。

もしあなたが経営者であれば、どのような発言、行動、振る舞いをする人間を出世させたいと思うでしょうか。それを考えることは、経営者への共感をより深める一助となります。

・あなたが不遇なら、今の考え方と行動は間違っている

もしあなたが現在、稼げていない、評価が低い、不遇であるとすれば、今の考え方と行動が価値を生むという観点からずれている可能性があります。

ビジネスは価値交換です。

会社で出世したければ、経営者や上司が価値と感じることを理解して、それを提供するだけです。会社の需要に対し応え供給するだけです。

たまに、キャリアアップと称して、自分の仕事に直結しない資格の勉強に夢中になり、今の仕事にあまり身が入っていない社員の方を時々見かけます。

これはダメです。

会社の需要に応えてないからです。

経営者や上司が望むのは、結果を出すこと、あるいは結果を出すスキルを身に着けることであり、直結しない資格取得の勉強では全くありません。

先ずは、お勤めの会社の需要にしっかりと応えてから資格取得の勉強をすることをおス

スメします。

会社の需要に応えていけば、あなたが次にやるべきことが見えてきます。

あなたの考え方と行動の結果で、今の状況が生み出されています。

望む結果を手に入れるためには、結果に直結する行動を起こさなければなりません。

・時間をかけても質は高まらない

例えば、あなたがお客様への提案資料を作成することになったとします。

時間をかければ確実に受注できる提案資料ができるとお考えでしょうか？

実は、時間をかければかけるほど受注できるような質は高まらないのです。

なぜか？

それは、お客様のニーズからドンドン離れていくからです。

どういうことか？

よくあるパターンとして、お客様への提案本番日を迎える前までに何度か社内で資料についての検討会議などを行います。

そこで、資料に対し、評価や意見、フィードバックを行うのは上司や幹部、経営者だったりします。

そのフィードバックを受けたあなたはせっせと資料をドンドンと作成しなおします。

場合によっては、あなたが最初に作成した提案資料は跡形もなくなっているかもしれません。

休日返上して、週明け月曜日の社内会議用の資料作成にやらされ感全開で取り組んでいます。

ここがワナなのです。

提案を聴き、契約するかどうかを決めるのは、お客様であって、自社の上司や経営者ではありません。

上司とお客様が置かれている現実、価値観、意思決定基準が異なっているので、フィードバックはお客様から受けるべきです。

お客様のニーズがわからなければどうするか？

お客様の意思決定基準がわからなければどうするか？

そうです。

お客様に聴くのが正しいのです。

この例では、土日を返上し、時間をかけすぎて、受注成果に繋がりにくいイメージをお伝えしました。

驚くほどこのような会社が多いのです。

実際に私が所属していたコンサルティング会社でもこのような状況が数多くありました。

時間をかけても質は高まらない。

かけた時間の長さと成果の大きさは関係がありません。

むしろ、時間をかけないほうがスキルは上がります。

短時間で仕上げるためにはスキルが必要になるからです。

それよりも、誰に価値を提供するのかを見据え、その人物から即座にフィードバックを得て、改善し、需要に応えること。

これこそが、稼ぐ人財の共通点です。

この「短時間で仕上げるスキル」については、後の「スピードを上げれば仕事力は自然に高まる（60ページ）」の項目で説明しています。

・やらない仕事を決める

1日は24時間しかなく、価値を生む仕事に集中しなければなりません。

そのためにも、価値を生むことにつながらないことを特定することが重要です。

価値を生まない仕事はやらない　↓　その空いた時間で価値を生む仕事に取り組む
何が価値を生む仕事なのか、わかりにくいことがあるかもしれません。

そのときには、上司や経営者に質問してフィードバックをもらいましょう。

上司や経営者は喜んで教えてくれるはずです。

あなたに価値ある結果を出してほしい、と強く望んでいるからです。

そのときには、質問の仕方や言い方には気をつけましょう。

「この仕事、意味ないんじゃないですか？」

などのように、あからさまに、

「これは無駄以外の何物でもない、よく今までやってきましたね」

という雰囲気では相手の心理的反感を引き起こしてしまい、あなた自身もストレスを感じることになりかねません。

これを心理学では「同一視」と言います。

シンプルに言えば、「同一視」とは、ある行動に対して言っただけでも、相手は自分に対しての言葉だと受け止めてしまうようなことを言います。

例えば、ネクタイを褒められただけでも、自分のことまでも同じように褒められているように受け止めてしまうことです。

相手にとっての価値を意識した聴き方、声のトーン、雰囲気など工夫しましょう。

そのためには、高評価を得ている管理職や社員のコミュニケーション法をよく観察し、マネすることが極めて効果的です。

これを「モデリング」と言います。

結果を出している方を積極的に「モデリング」しましょう。

・スピードを上げれば仕事力は自然に高まる

価値を生む仕事に対しスピード感を持って取り組む、

これは、短期間で稼ぐ人財になる重要な視点です。

人は、価値ある仕事を早く仕上げる習慣を持つことで、格段にスキルアップします。

1つの仕事を丁寧に1回やるより、それを何回かやって改善したほうが、質は圧倒的によくなる、と私の富豪であるメンターが教えてくれました。

「パーキンソンの法則」をご存知でしょうか。

これは、英国の歴史学者、パーキンソンが提唱した法則です。

「仕事の量は、それを完成するまでに付与された時間をすべて満たすまで膨張する」というものです。

例えば、3日で完成できる企画書作成があったとします。

これに対して、10日後が提出期限であったとしたら、10日間をすべて使いながら企画書を完成させようとするということです。

邪推かもしれませんが、多くのビジネスパーソンは、7日間は全く手を付けず、残りの3日間で勝負をかけているのではないでしょうか。

（実は、私がそういうタイプでした）

その結果、3日間に突発的な業務が入ったり、そもそもの企画趣旨などへの理解が薄れてきていたりと、冷や汗をかいた経験が何度もあります。

ですから、提出納期などはかなり前倒しで設定するのがオススメです。

言い方を変えると、

「前倒しで設定した限られた期限の中で行う仕事は、クオリティが最大化する」

ということです。

前倒しの期限を決めて、やらざるを得ない状況をつくり出すことで、他人の協力を得るリソースを増やす力なども含め、あなたのスキルアップを短時間で可能にします。

これは、小学生の夏休みの宿題を最後の1日か数日で終わらせてしまうのと似ています。

あなたも経験はないでしょうか。

「火事場の馬鹿力」のような追い込まれた人間が、ものすごい力を発揮するわけです。

社会人になってからも、このような「火事場の馬鹿力」を実感されたこともあるかもしれませんね。

なぜ人間はこのような力を発揮できるのでしょうか。

脳科学によれば、人間は追い込まれると、脳内で「ノルアドレナリン」が分泌されるそうです。

この「ノルアドレナリン」は、脳の集中力を高め、大きな力が発揮できるようになります。ですので、前倒しで期限を設定することで、高い集中力を発揮し、スキルアップやパフォーマンスアップを実現します。

しかし、注意点が1つ。

このときに「前倒し」で設定しますが、「前倒しで設定してあるから、この期限が守れなくても、問題なし」と自分がわかっていると、この力は発揮されないようです。

ですから、「前倒しの期限」の直後に別の予定を組んでおくことをおススメします。

要は、別の予定を入れ、強制的に「前倒し」で期限設定しておく、ということです。

このような追い込まれた状態やピンチの状態であるほど、脳は本気になり「ノルアドレナリン」の力を借りられるようになります。

私の個人的なオススメは、「前倒しの期限」直後の予定として、重要な人との約束を設定することです。

守らなければ信頼を失いますので、これは効果テキメンです。

まとめ

◎経営者が求めるのは、スピードが最優先。
◎悪い知らせほど一番早く報告する。
◎経営者の考えは察することなく、積極的に聴く。
◎経営者と同じ空気を吸う時間を増やし、ミラーニューロンを活用する。
◎会社の需要に応えられる人財になる。
◎時間をかけないほうがスキルは上がる。
◎結果を出している人を「モデリング」する。

3日目

自分が不在でも回る組織をつくる

・できる人は、リストラ候補者を目指す⁉

このタイトルを見て、

「え！　どういうこと⁇」

と思われたかもしれません。詳しく説明します。

できる人財や稼ぐ人財は、自分の仕事がなくなるような仕事のやり方をするのです。

自分の仕事がなくなれば自分は必要のない人間になる、つまりリストラ候補者になる？

という流れです。

どういうことでしょうか？

正確に言うと、自分でなくても、例えば、部下やアルバイトさんでも、ある程度は、その仕事ができる仕組みをつくるということです。

そして、自分は、より高度な、難易度の高い、経営に近い仕事に時間とエネルギーを投資するのです。

マニュアルを残す、などもその1つです。

例えば、管理職の基本原則の1つは、部下にもできることをやらない、です。

一般社員よりも人件費が高いので、それは当然です。

一般的に、管理職のほうが一般社員より仕事経験が豊富なため、スキルも高いですよね。

ですから、一般社員よりも効率的・効果的にできるので、管理職をやったほうがスムーズでよい、と考えている管理職は本当に多くいます。

最近では、部下に指示して嫌な顔をされるのがストレスだと感じ、自分でやったほうが精神衛生的にもいい、と言う管理職も多くいます。

また、管理職自身がこのような作業をすることに一所懸命であると、部下への教育もおざなりになってしまいます。

「しかし、結果的に、部門や課の業績が上がっているからいいじゃないか」

という言い分もありますが、これがダメなのです。

だとすれば、その管理職は一般社員に戻らなければなりません。

管理職だけが頑張っている状況で、もし事故や病気に見舞われ、休まざるを得なくなった場合を考えてみてください。

部下には十分に教えてきていないので、仕事は回らなくなり、部下は右往左往するばかりです。

それを見た経営者が、

「やはり、あいつ（管理職）がいないとダメだ。あいつはやっぱりうちには絶対に必要な最高の人財だ！」

と目を細めながら感心すると思いますか？

それは大間違いです。

「あいつは管理職として何をやっていたんだ！」

と逆鱗に触れること間違いなしです。

経営者に対して、このようなストレスを感じさせる人材を高処遇で出世させようとする経営者は誰もいません。

経営者に価値を提供することができていないからです。

仕事がスピーディーに対応され、良い価値や結果をお客様にもたらし、自社の業績がよくなること、ここにしか、経営者は関心を持たないのです。

誰が仕事を担当し、一所懸命にやっているかは、それほど問題ではありません。

一所懸命にやるのは、むしろ、当たり前の前提です。

あくまで経営者が要求するのは結果です。

生み出す価値です。会社の業績です。

どういう状況でも、仕事が回る、誰が担当しても価値を生み出せる、これこそが経営者にとって大きな価値なのです。

これを忘れずに日々実践してください。

・先ずは、勝ちパターンをつくる、そして自動化せよ

人間に与えられた唯一平等なこと。

それは、
・死ぬこと
・1日24時間を与えられていること
です。

稼ぐ人財になるためには、実務作業をやり過ぎてはいけません。

年収億円を軽く超えるメンターによれば、年収1000万円の人はやれる作業を全部自

分でやっていて、年収1億円の人は、重要なことだけをやっている、そうです。

収入と働く時間は反比例するので、自分がやる作業をなくすために人を育てて任せる、アルバイトに任せる、業者に任せる、そして自分自身は重要な仕組みづくりに集中すべきなのです。

ＡＫＢ48グループのプロデューサー秋元康さんは、作詞、企画プロデュース業務に集中していて、自らが舞台に立っているわけではないですよね。

このような仕組みをつくる側になることを意識することから始めてみてください。

また、1回の労働を何度も使い倒せるようにすることも仕組み化の1つです。

例えば、あなたの会社やあなた自身が有料のセミナーを開催したとします。

このときの収益は、セミナー参加で徴収した有料分だけですが、これを録画しておけば、インターネット上で販売することもできます。

また、セミナー講師を部下に担当させるためのマニュアルとして、この録画を活用することもできます。

別商品を購入したお客様へのプレゼント特典としても使えます。

このように1回の労働を1回だけで終わらせないように、企画を考えることから始めてください。

あるクライアント企業の管理職の方から、

「同じことを何度も部下に言わなければならないのが大変で、面倒だし、ストレスなんです。どうすればよいでしょうか?」

と相談を受けたことがあります。

このようにアドバイスしました。

「ストレスだと感じているのでしたら、それが積もると、怒りの雰囲気で部下へ強く叱責する傾向が出てきます。

人は繰り返し言われ指摘されるよりも、自分で気づきを得たほうが行動は変わりやすいです。

そのためには、伝える内容を書面に書いてミーティングなどで質問しながら振り返るような、チェックリストとして活用すると効果が高いです。

自分も相手も省エネになります」

後日、この管理職の方と面談した際に、

「このアドバイスをすぐに実行したところ、ストレスが大きく減り、対応する余裕が出てきました。部下とのコミュニケーションが改善し、課の業績インパクトも2〜3倍ほど高い成果が出たんですよ！」

と非常に喜んでいました。

このように、書面でチェックリスト化する、部下との面談音声を録音して、他の部下に聴かせ育成するなど、一度の労力を複数の場面で活用する視点を持ち、仕組み化の世界、稼ぐ人財の世界へ飛び込んできてください。

ちなみに、私のコンサルティングなどでは、自社内でうまくいった勝ちパターンをノウハウ化し、お客様などに販売することをアドバイスしています。

例えば、自社内でコミュニケーションがギスギスしていて、それが原因で業績が芳しくない状況があったとします。

そのままであれば、つらい日々が続くだけになりますが、こういうネガティブな状況は実は大きなチャンスなのです。

なぜなら、ここでいろんな手を打ちながらも改善し良い結果につながったとしたら、それは売り物になります。

お客様や他社でも似たような状況や悩みがあるからです。

だから、悩みや苦しみ、ネガティブな状況であればあるほど、それは売り物になりますので、チャンス到来と喜んで問題解決に着手してください。

問題には気持ちで負けないことが大切です。

「何でこんな問題が私にだけ起こるんだ！」

とネガティブに認識していれば、解決できる問題も解決できなくなりかねます。

「笑っている場合ではない状況ほど、実は笑っている場合である」

という真実が存在することを覚えておいてください。

・部下の「最重要関心事」を常に把握する

社員のモチベーションを高めたい、と切望する経営者や管理職は非常に多くいます。

管理職向けのコーチング研修やリーダーシップ強化研修などで打開策を探る会社もあります。

しかし、実際にモチベーションが上がった、という声はほとんど聞かれないのが現状です。

社員のモチベーションを上げる前に、あなたは自分のモチベーションの上げ方をご存知でしょうか。

これが意外にもわかっていない方が多く見受けられます。

シンプルな方法をお伝えします。

稼ぎ続ける人財は、自分のパワーの根源となるモチベーション・スイッチを把握しています。

それは、あなたの過去に秘密が隠されています。

具体的には、何でもいいので、過去これは猛烈に頑張ったなという経験を思い出してください。

それも1つだけではなくいくつか複数の経験を思い出してみてください。

次に、そのいくつかある頑張った出来事の中にある「共通点を見つけていく」のです。

これが、あなたが頑張るためのきっかけでもあり、スイッチとなるのです。

少し思い出してください。

それは、運動会だったかもしれません。

もしくは受験だったかもしれません。

はたまた部活動の大会だったかもしれません。

ただ、このようにバラバラであっても、必ず共通点があるのです。

それを、探って欲しいのです。

これは、少し時間のかかる作業かもしれません。

しかし、一度、見つけてしまえば、一生ものです。

あなたは今後、踏ん張り時が来たら闇雲に頑張るのではなく、まずは、このスイッチを押せばいいのです。

この自分だけのスイッチを見つけた人間はストレスや逆境にめげることなく強く立ち向かうことが可能です。

なぜなら、自分のスイッチを知らない人間は、他人の発言・行動などで日々感じる怒りやフラストレーションなどに簡単に左右されてしまうからです。

このスイッチを知ることで、外部の影響を受けることは少なくなります。

そのための第一歩が、過去に頑張った出来事、経験での「共通点探し」です。

それさえ見つけてしまえば、あなたは勝者となります。

なぜ、このような自分を動かすモチベーション・スイッチを把握することが重要なのか。

それは、具体的な行動がなくしては価値提供できることができず、稼ぐ人財になることはできないからです。

部下のモチベーションを考える際に、このステップを当てはめてみればわかりやすいと思います。

それに加えて、最速で把握するために、オススメするのが、部下の最重要関心事を知ることなのです。

もし金銭に関心が高ければ、目標達成することでキャリアアップによる昇進・昇給できる、

もし認められたい承認欲求が強ければ、職場のメンバー皆が期待しているし、応援している、などのように日々のコミュニケーションで伝えるメッセージが変わってきます。

金銭にそれほど価値を置いていない部下に対して、

「頑張ろう！　これができたら、インセンティブで20万円もらえるぞ！」

のような言い方はあまり効果がないわけです。

賢明なあなたであればすでにお気づきかもしれません。

そうです。

価値提供しているのです。部下に対してです。

部下が手に入れたい価値が金銭であれば金銭という価値を、大切にされているという承認が価値であれば承認を、賞賛という価値であれば、賞賛を与える、
ここがモチベーションを成果に繋げるシンプルなメソッドです。

要は、「人を見て法を説く」です。

是非、試してみてください。

部下との信頼関係がさらに高まり、業績向上に繋がります。

・人を管理してはいけない

稼ぐ人財になるためには、仕組みをつくる、実務作業を人に任せる、自分や相手のモチベーション・スイッチを知る、などお伝えしてきました。

そう言うと、「人を管理しなければならない」ように思われがちです。

しかし、違います。

稼ぐ人財、経営者が管理するのは、「人」ではありません。

ここを間違えると、信頼関係はすぐに壊れ、良い仕事にはつながりません。

人は管理されたくないからです。

例えば、部下を叱るときのことを考えてみましょう。

ちょっとした不注意で取引先との契約を取り損なった部下に対して、

「この契約がどれほど重要なのか、わかっているのか！

そんな大事な取引なのに初歩的なミスを犯すとは緊張感のかけらもないじゃないか！

新入社員だってこんなミスはしない。

お前に脳みそはついているのか？」

と厳しく叱責された部下は、その日の夜には吐き気を堪えながら転職活動を開始する、あるいは、その上司の指示に対してはことごとく論破するべく「ロジカル・シンキング」を鍛えるトレーニングを開始することは想像に難くはありません。

叱るときは抽象的な言葉を使いがちです。

緊張感がない…

いい加減…

だらしない…

真剣さが足らない…などのように。

抽象的な言葉は、相手が感じるレベル感や基準が異なるので、永遠に折り合わないのです。

「だらしないいんじゃないか!」

「僕は、週末返上でやっていたんですよ! だらしないと言われるのは心外です!」

のような応酬話法が炸裂し、双方にとって胃の痛い日々が続くことになります。

・管理すべきは、仕事と時間と仕組み

では、何を管理すべきなのか。

それにお答えする前に重要な概念をお伝えしたいと思います。

それは、「見える化」です。

稼ぐ人財、経営者は、価値を生む仕組みが本当に効果的なのか、だとすれば、その実行状況や運用状況はどうか、が常に気になっています。

そこで、そのフラストレーションを払しょくし、安心感、余裕を持って改善する意思決定を行うためにも、この「見える化」という概念を好むのです。

誰がいつ、何を、どのようにするのか、どういうときには何をするのか、など誰が見ても理解できるようにしておくことです。

これは、

「仕事を属人化させず、事故や病気などによる担当者不在のリスクを減らす」

という大きな価値があるわけです。

ここから考えてみれば、管理すべきことは明らかです。

そうです。

「仕事、時間、仕組み」

が正解です。

先ほどの、ちょっとした不注意による失注の例で言えば、仕事等を管理するイメージはこうです。

「今回、失注したのは本当に、その不注意が原因だろうか?

もし不注意だったとしたら、なぜそれが起きたのか、一緒に考えて改善策を練ろう。

〔図表3　管理すべき対象とは〕

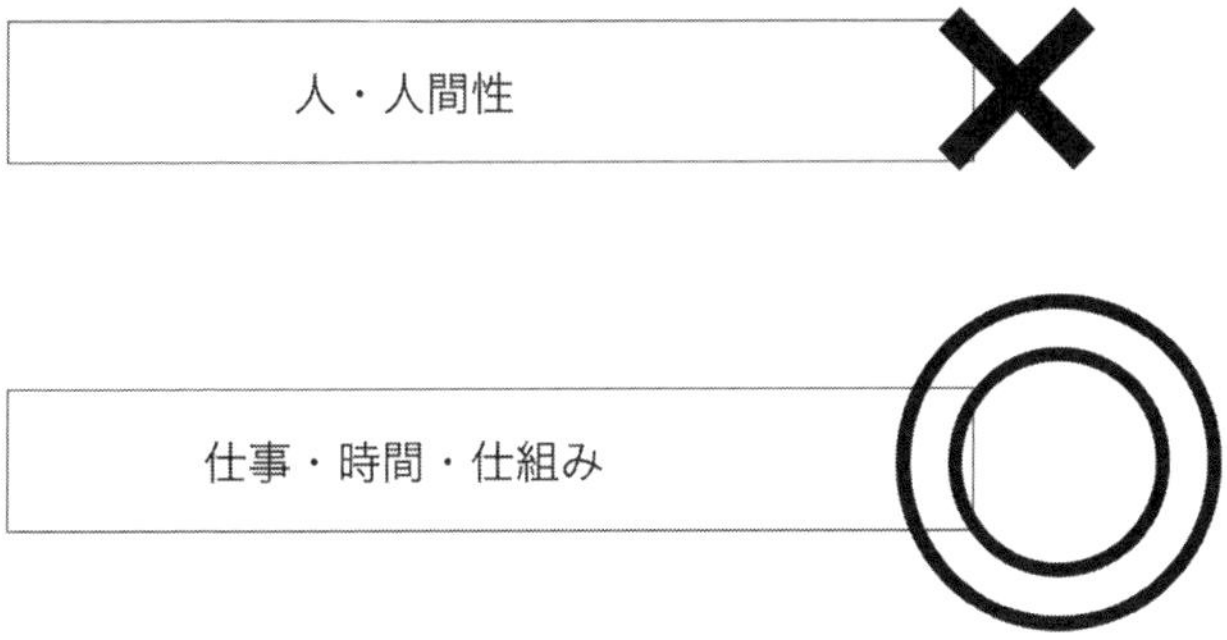

仕事量の多さが不注意につながった可能性もあるかもしれない。

スケジュールの進捗チェックやそのバックアップ体制も十分であったとは言えないだろう。

ここまでは俺たちの想像でしかない。

なぜ失注したのか、それはお客さんにしか分からないことだ。

お客さんに確認して教訓を得よう。

次に生かせばこの教訓は宝になる！」

このような話が展開されれば、部下にネガティブな感情や行動は発生することはなく、生産性の高い、稼ぐ日常が続いていくことでしょう。

「仕事・時間・仕組み」を管理することにフォーカスしてください

・人を動かす世界最強のフレームワーク

稼ぐ人財、経営者になるには、「人」ではなく、「仕事、時間、仕組み」を管理する重要性を説明してきました。

これに加えて、もう1つ知っておくと大変に得をすることをお伝えします。

それは、「仕事、時間、仕組み」を管理すべきですが、それを実務的に行っているのは紛れもなく人の部分が大変に大きいということです。

つまり、人にポジティブな影響力を発揮し、ある意味、積極的に動いてもらうことがパフォーマンスを最大化するカギとなるのです。

仕組みを運用するのは人ですから、それは当然だと、すぐにおわかりになるかと思います。

そこで、人から理解され、納得されて、人が積極的に動くようになるという魔法のメソッドについてお伝えします。

100億円以上を稼ぐ私のメンターのひとりは、このメソッドを

「世界最強のフレームワーク」

であると表現しています。

それは「4つの学習スタイル」と呼ばれています。

これはアメリカの教育理論家であり学習のグルと言われるデイビッド・コルブ氏が提唱したもので、人は学習に関して、4つの学習スタイルがあるということです。

1つ目の学習スタイルは「なぜ」スタイルです。

2つ目の学習スタイルは、「何」スタイルです。

3つ目の学習スタイルは、「どうやって」スタイルです。

そして最後の4つ目の学習スタイルは、「今すぐ」スタイルです。

順に説明していきます。

「なぜ」スタイルの人は、学ぶモチベーションや感情を重視します。

「なぜ、それを学ぶ必要があるのか」

と質問します。

それを学ぶことで、何が得られるのか、どういうメリットがあるのかを伝えなければ、上司からの指示や新しい知識、取り組みに対して心を開くことはなく、無関心になります。

つまり、

「これを学び実践することでこんなによいことがありますよ。

逆に学ばないとこんなに悲劇的なことが起きますよ」

のように「なぜ」を丁寧に説明し、感情やモチベーションを刺激することで、積極的に学び、動くことができるようになります。

次に、「何」スタイルの人は、理論や根拠を重視していて、科学的、リサーチ的な根拠がないものに対して学び動くことができません。

公的機関が発表した情報・データや裏づけある理論・モデルなどを丁寧に説明することで、積極的な行動が起こせるようになります。

そして、「どうやって」スタイルの人は、どうやってやるのか、など具体的な手順を大変に重視します。

全体像に基づく手順や具体的なステップを詳細に示すことで行積極的に動を起こしやすくなります。

最後の「今すぐ」スタイルの人は、学ぶためには今すぐにそれを実行して、どのような結果を得るのか、すぐにフィードバックを得ることを重視します。

〔図表4　ディビッド・コルブによる「4つの学習スタイル」〕

1.「なぜ」スタイル	→「モチベーション・感情」重視
2.「何」スタイル	→「理論・根拠」重視
3.「どうやって」スタイル	→「具体的な手順」重視
4.「今すぐ」スタイル	→「実行後のフィードバック」重視

すぐに実践できるようなエクササイズを提示すると積極性ある行動力を発揮します。

多くの人は、このようなスタイルを知らずにコミュニケーションを行っています。

しかし、あなたは今、この学習スタイルを知りました。このメソッドを用いてコミュニケーションすることで、あらゆるタイプの人と納得性の高いコミュニケーションを行うことができ、人が積極的に動いてくれるようになります。

要は「相手のスタイルを理解して、法を説く」ということです。

ここであることに気づきましたでしょうか。

そうです。「伝える側・教える側」にも責任があるということです。ここを自覚するだけでも、コミュニケーションの質は劇的に高まります。

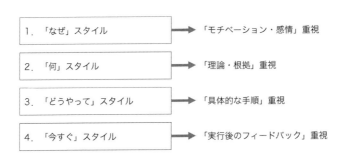

まとめ

◎自分の仕事がなくなるように仕事をする。
◎一度の労力を何回も活用する。
◎部下の最重要な関心事を理解しモチベーション・スイッチを押す。
◎人を管理してはいけない。
◎見える化で、仕事と時間と仕組みを管理する。
◎人を動かす世界最強のフレームワークを使いこなす。

4日目

売上を5倍にする市場選定法

・同じ商品でも市場は複数存在する

商品は1つであっても市場は複数存在します。

このことがわかればあなたのビジネスは大きくブレイクし、稼ぐ人財、経営者になることができます。

どういうことでしょうか。説明します。

例えば、あなたのご自宅にあるペットボトル・ミネラルウォーターで説明します。

あなたはどこで購入していますか？

スーパーマーケットでしょうか。

ホームセンターでしょうか。

ドラッグストアでしょうか。

アマゾン、楽天でしょうか。

それとも、おなじみのジャパネットたかたでしょうか。

このように同じミネラルウォーターという商品であってもスーパーマーケットのような

〔図表5　同じ商品でも市場は複数存在する〕

例）ミネラルウォーター

市場　①：　実店舗	→ スーパーマーケット、ホームセンター　など
市場　②：　インターネット	→ アマゾン、楽天　など
市場　③：　テレビ	→ ジャパネットたかた　など

実店舗もあればアマゾン、楽天のようなインターネットショッピングなど、購入場所がさまざまあります。

これが市場という概念で、それぞれの市場に滞留している購入者のニーズ・ウォンツが違うのです。

例えば、災害用の備蓄としてのニーズを持つ購入者は、実店舗で長期に耐えうる消費期限を見て購入を決めます。

しかし、重たいペットボトルを運ぶのは腰への影響が心配な方々にとっては、自宅まで配送してくれるインターネットショッピングを利用するでしょう。

このように望むことや悩みなどを含めたニーズ・ウォンツは、それぞれの市場によっ

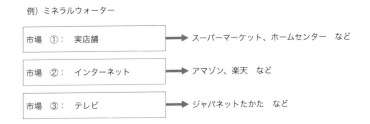

て変わってきます。

この視点があれば、あなたの商品・サービスを販売できる市場は、今と違うところにも存在する可能性があるかもしれません。

・金払いのいい見込み客の居場所を知っているか

商品は同じでも市場は複数存在するという視点を紹介しました。

繰り返しお伝えしていますが、ビジネスは価値交換です。

市場に存在するお客様のニーズ・ウォンツを満たす商品・サービスを提供し貢献することで、その対価を得てあなたは、稼ぐ人財・経営者となるわけです。

では、お金を払ってくれる見込み客はどこにいるかおわかりでしょうか。

少し考えてみてください。

いかがでしょうか。

正解は、「自社の既存顧客」と「競合他社のお客様」です。

なぜでしょうか。

「自社の既存顧客」は、あなたの会社から既に購入しているので、対応などに大きな不満がなければ再度購入してくれる可能性は高いです。

顧客満足度を調査しながら丁寧にフォローし、既存顧客が望む価値を提供するのなら再度購入する可能性は非常に高いでしょう。

この信頼関係を維持・向上できなければ競合他社に既存顧客は離れていきます。

ある調査によれば、新規獲得コストは既存顧客からリピート契約を獲得するコストの7~8倍程度かかるそうです。

つまり、既存顧客を失うのは極めて高い損失だということです。

既存顧客を失ってはいけないのです。

次に、「競合他社のお客様」です。

あなたは、お客様から提案依頼される、いわゆる「コンペ」を経験したことがあると思います。

（コンペとは、お客様が商品・サービスを購入検討する際に、複数社へ提案依頼をして、一番好条件を提示した会社と契約を結ぶ一連の購買プロセスのことです）

もし残念ながら自社とは契約に至らない場合でも、お客様は競合他社から購入している

〔図表6　金払いのいい見込み客の居場所〕

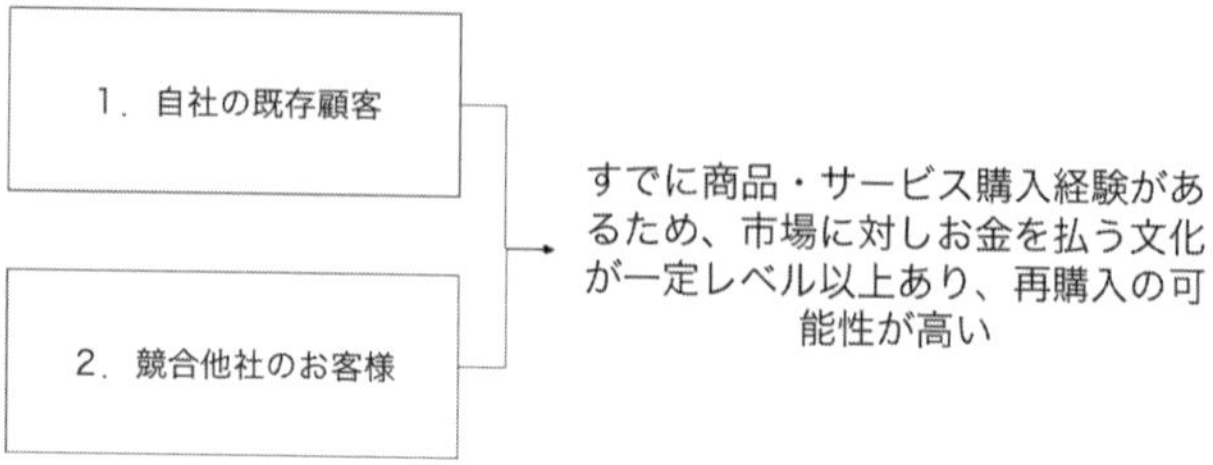
1．自社の既存顧客
2．競合他社のお客様
すでに商品・サービス購入経験があるため、市場に対しお金を払う文化が一定レベル以上あり、再購入の可能性が高い

わけです。

逆に、自社が受注した場合には、競合他社にとっては失注となるわけです。

何が言いたいかおわかりでしょうか。

ライバル会社のお客様は自社のお客様になる可能性が高いのです。

ですから、表現はよくないですが、お客様を横取りすることができるのです。

「そんなハイエナみたいなことはしたくない！」

という声が聞こえてきそうです。

しかし、世の中のビジネスの多くは、お客様の横取り合戦で成り立っています。

携帯電話会社を見てください。

ＣＭを派手に流しながら、「乗り換えキャ

ンペーン」と堂々と打ち出しています。

お客様への価値提供の観点から考えてみてください。

販売者が競争することによって、お客様にとっては、より大きな価値を享受できるわけです。

これはお客様にとってよいことなのです。

・競合他社のお客様を無料でリサーチする法

では、どうすれば「競合他社のお客様」にアプローチできるのでしょうか。

そのためには、競合他社を調査することが必要です。

そこで、「競合他社のお客様」を無料で調査する技を2つお伝えします。

1つは、「自社の既存顧客」を調査することです。

「えっ、自社の既存顧客だって？」

あなたは首をかしげますか。

こういうことです。

自社の顧客になる前には、「競合他社のお客様」であった可能性があるからなのです。

その場合、競合他社から自社へ乗り換えてきたわけです。

競合他社に対する不満があったから乗り換えた可能性も高く、そこを調査することで自社の強みも明らかになります。

また、「競合他社のお客様」となった当時の理由も調査できれば競合他社のお客様調査になるわけです。

もう1つは、インターネット上に公開されている「お客様の声」を調査することです。

これは、非常にシンプルですが、意外なことにもやっている人は少ないです。

やり方は、グーグルなどの検索窓に、

「業種　お客様の声」

と入力します。

例えば、あなたの会社が婚活ビジネスを行っていれば、

「婚活　お客様の声」

と入力します。

ここで表示されるのは、実際にお金を競合他社に支払ったお客様の声というのが「原則」

です。

あえて「原則」と表現したのには理由があります。

それは、無料セミナーなどに参加されたお客様へのアンケート結果を掲載している場合があるからです。

また、やたらとほめちぎっているものや類似した内容（テンプレート化）で不自然な感じがする内容も嘘の可能性があるので十分にご注意ください。

「競合他社名　口コミ」

「競合他社名　評判」

などでも調査できたりします。

いろいろと試してみてください。

・抽象度を上げれば市場は見える

先に、商品は同じでも市場は複数あるとお伝えしました。

そして、「競合他社のお客様」を横取りする重要性もお伝えしてきました。

ここで競合他社について、あらためて、考えてみたいと思います。

「あなたの競合他社はどこでしょうか、競合他社名を挙げてください」

と言われたらいかがでしょうか。

どこの会社名が挙がりますでしょうか。

しかし、あなたが挙げた競合他社名だけでは十分ではない可能性があります。

「えっどういうこと?」

と思われましたでしょうか。

実は、競合他社には2種類あります。

1つは、「直接競合他社」です。

もう1つは、「間接競合他社」です。

どういうことか説明します。

例えば、あなたがダイエットのためのサプリメントを販売しているとします。

同じようにダイエットサプリメントを販売している会社、これが「直接競合他社」です。

これはすぐに挙げられますよね。

ところで、そもそもダイエットする目的は何でしょうか。

仮に、ダイエットをしてスリムで魅力的になり、素敵な男性と結婚することが目的だったとします。

この場合、ダイエットができるのであれば、何でもよいのです。

ダイエット専門のフィットネスクラブでも脂肪吸引エステでも断食道場でもよいわけです。

これが、「間接競合他社」となります。

まだあります。

素敵な男性と結婚することが目的ということであるのなら、極論、ダイエットしなくても素敵な男性と結婚できれば良いわけです。

そうなれば、ダイエットを飛ばして、婚活パーティー、結婚相談所に行くことでもよいわけです。

これも「間接競合他社」なのです。

おわかりでしょうか。

これが抽象度を上げ、市場を見出すということなのです。

例えば、婚活パーティーに参加する方は結婚目的なので、素敵な結婚を実現する魔法のサプリというコンセプトでダイエットサプリを販売することも可能なのです。

誤解を恐れずに言えば、お客様は商品が欲しいわけではありません。

願望達成や問題解決という結果が欲しいだけなのです。

そのための手段は何でもよいのです。

稼ぐ人財、経営者になるためには、お客様の欲しい結果について語らなければなりません。

ここは重要ですので必ず覚えておいてください。

・売れる市場リサーチ法

抽象度を上げると、間接競合他社の存在する市場が発見できることをお伝えしました。

その中でも売れる市場を発見したいところです。

どうすれば売れる市場を発見できるか？

それは売れている競合他社がいるかどうかです。

売れている競合が存在するということは、その下に多くのお客様が存在するということなのです。

売れている競合を徹底的にリサーチしてください。

・どのような強みを持っているか
・どのような弱みがあるか
・どのようなコンセプトで訴求しているか
・どのような集客方法なのか
・どのようなセールス方法なのか
・どのようなアフターフォローなのか　などなど

リサーチすればするほど、対応策が企画しやすくなるので、是非トライしてみてください。

そして、競合他社の商品やサービスを購入してみて体感し、販売プロセスやその時々において沸き上がった感情を分析することをオススメします。

そうすることで、競合の良さやフラストレーションを感じる点など、丸わかりするので、リアルな対応策を打つことが可能になります。

余談ですが、過去から将来にわたり末永く廃れることのない稼げる巨大市場をご存知でしょうか？

それは、
・お金・ビジネス
・人間関係・交際
・健康・フィットネス
の3分野です。

これらに関係する分野ではすでに実証済みの稼げる巨大市場なのです。

つまり、需要が多い、ということです。

ただ、その反面、供給する競合も多いので、選ばれる戦略が欠かせません。

その選ばれる戦略にはいくつかありますが、1つご紹介します。

それは、

「お客様の強いニーズがある領域」

かつ
「競合他社が満たせていない領域」

を徹底的にリサーチし、そこを突破口にすることです。

〔図表7　3つの稼げる巨大市場〕

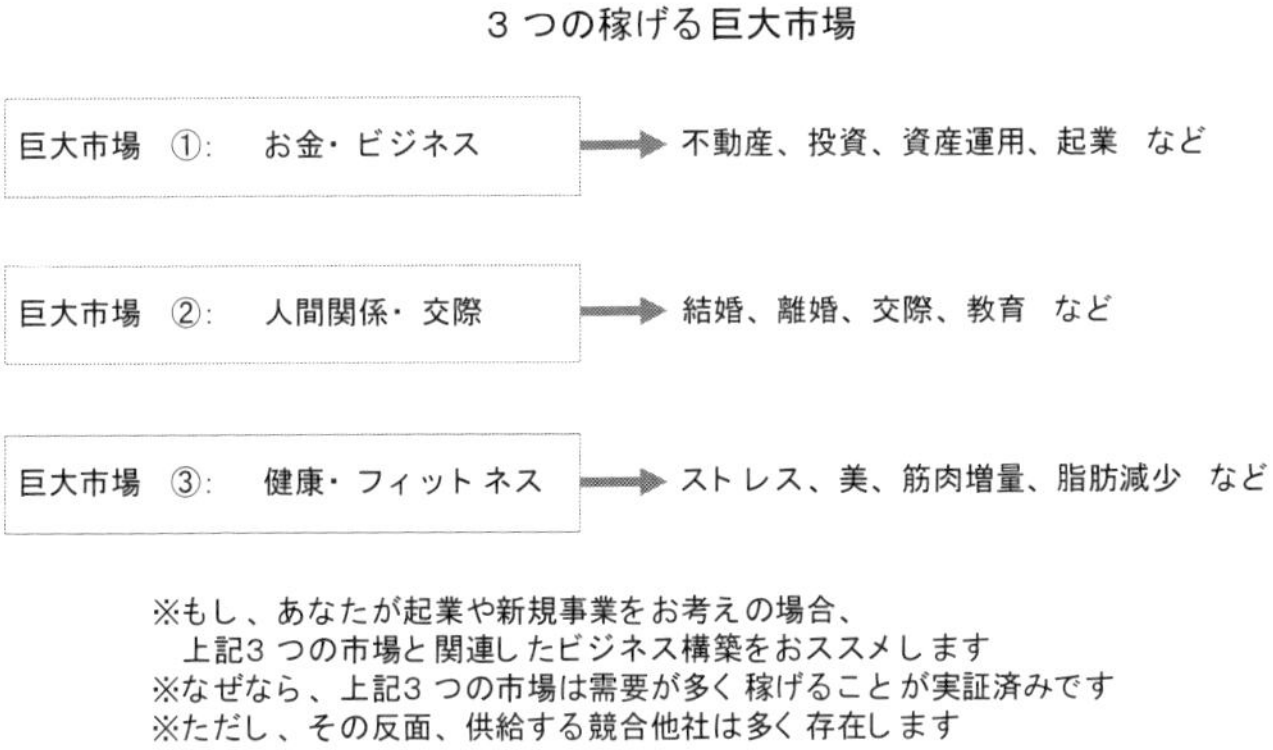
3つの稼げる巨大市場
巨大市場 ①: お金・ビジネス
不動産、投資、資産運用、起業 など
巨大市場 ②: 人間関係・交際
結婚、離婚、交際、教育 など
巨大市場 ③: 健康・フィットネス
ストレス、美、筋肉増量、脂肪減少 など
※もし、あなたが起業や新規事業をお考えの場合、
上記3つの市場と関連したビジネス構築をおススメします
※なぜなら、上記3つの市場は需要が多く稼げることが実証済みです
※ただし、その反面、供給する競合他社は多く存在します

この領域に対し、お客様は、強いフラストレーションを感じているので、あなたがカバーできることを提案するだけで、競合他社のお客様と契約できるようになります。

シンプルに言えば、「競合他社に対するお客様の不平・不満」を徹底的にリサーチし、それを埋める提案をする、ということです。

お客様は常に、「もっと良い取引先はないだろうか?」と次の取引先を探しているのです。

その突破口が、「競合他社に対するお客様の不平・不満」をリサーチすることなのです。このリサーチは、稼ぐ人財育成を行う上で、極めて重要です。

あらためて、再認識していただければと思います。

まとめ

◎同じ商品でも市場は複数ある。
◎金払いのいい見込み客は「自社の既存顧客」と「競合他社のお客様」である。
◎「業種　お客様の声」と入力して無料でリサーチする。
◎競合他社には、「直接競合」と「間接競合」の2種類ある。
◎競合他社のお客様になり、競合を徹底的にリサーチする。

5日目

商品を変えずに売上を5倍にする

・商品が同じでもバカ売れする秘策とは

商品を変えずに売上を5倍にする、そんな方法があればあなたは知りたいと思いますでしょうか。

もちろん、知りたいですよね。

わかりました。

その秘策をお伝えしたいと思います。

答えを言います。

それは、「誰を対象にビジネスをするか」です。

つまり、市場です。

4日目で抽象度を上げると間接競合が見えることをお伝えしました。

ここを開拓し、あなたの商品・サービスを投入し、客数を増やすことができれば売上が上がります。

あらためて、売上の構成要素を見てみましょう。

売上　＝　単価　×　客数　×　購入頻度

おなじみの公式ですよね。

ですから、客数が増えれば売上は大きくなります。

例えば、あなたが個人向けコーチング、コンサルティングのビジネスを行っているとします。
・早く会社に馴染めて、楽しく仕事ができるようになる新入社員向けコーチング
・部下のモチベーションを高めて目標達成が１００％できるようになる管理職向けコーチング
・圧倒的な差別化で会社業績を3倍にする経営者向けコーチング
の中で、一番の高単価で受注できそうなのはどれでしょうか。

新入社員がお金を払ってコーチングを受けたい、というニーズはあまりなさそうですね。

管理職の場合も、部下のモチベーションで困っている方はそれなりに多いでしょうが、自腹でお金を払ってまで、という管理職の方もあまり聞きません。

もし、これらの場合でお金を払ってでも解決したい、という方がいたとしても、高額でという方はまずいません。

しかし、最後の経営者向けの場合、話が完全に違ってきます。

それは価値を感じる大きさが違ってくることもありますが、購買力が違うのです。

同じコーチング手法であっても、誰を対象にするかによって、感じる価値と購買力によって高単価での受注が可能になります。

それが実現できれば売上5倍も十分に可能です。

私のメンターから聞いた話ですが、アラブかどこかの国の要人に対して専属的にマッサージする人がいるようです。

その人は、年に数回、その要人の宿泊先の一流ホテルに出向き、マッサージをして、報酬を受け取っています。

報酬はいくらだと思いますか。

報酬額を知って肝をつぶしました。

なんと1億円ほどの報酬をもらっているそうです。

街にあるマッサージチェーンの店長が年間５００万円の報酬だとして、約20倍もらっているわけです。

しかし、技術レベルに20倍の開きがあるかと言われれば、恐らくそんなことはないと思います（もちろん、現地の言葉が話せる、笑顔、人柄がよいなどの付加価値があるのかもしれませんが）。

これが、誰を対象にビジネスをするのか、の威力です。

ここを改めて考えてみてください。

あなたのビジネスがブレイクする秘訣がここにあるかもしれません。

・最高の商品　≠　売れる商品

あなたの情熱と英知を注入して最高の商品・サービスを開発したとします。

しかし、残念ながら、必ず売れるとは限りません。

あなたが考える最高とお客様が考える最高とが大きくずれていることがよくあります。

例えば、家電掃除機のことを考えてみます。

あるお客様は、

「掃除機なのだから、子供への影響も考えて、ごみやハウスダストなどをしっかりと除去できるような吸引力が強いのが最高」

と考えています。

別の年配のお客様は、

「持ち運びが便利な、とにかく軽いのが最高」

と考えています。

別のお客様は、デザイン重視。

また別のお客様は「とにかく価格が安ければ最高」という方までいます。

「最高の商品」に対する考え方が違うのです。

あるお客様の「最高」は、別の方にとっては「無価値」となり得るのです。

当たり前のようですが、ここを外していて、本当にいい商品・サービスなのに売れないと嘆く方が実に多いと思います。

もう1つ、重要な点をお伝えします。

それは、どんなに最高の商品であってもお客様に知られていなければ売れることはない、という点です。

それはそうですよね。

お客様はあなたのことを知らなければ、あなたにアクセスしようがないわけです。

つまり、「認知」が大切なのです。

ビジネスはお客様から「認知」されなければならないのです。

「認知」されることがスタートで、そこからお客様は競合他社と比較し、購入先を決めるわけです。

そこでカギになるのは、「信頼」です。

「信頼」を通じてお客様はあなたを選ぶのです。

ちなみに、ブランドの語源は、牛に押す焼き印を示すそうです。

他人の牛とは区別し、この牛の品質を保証する、という信頼を約束することがブランドの本当の意味です（諸説あります）。

例えば、高級ブランドのルイヴィトンや、ロレックスなどは高額を払うことで品質はもちろん、ステイタスなどの価値や信頼を約束しています。

あなたは、お客様に何を約束し、信頼を勝ち得ますか？

信頼は、約束を守り続けることでしか勝ち得ることはできません。

・信頼の移管を活用せよ

テレビのＣＭ、雑誌などでは、今を時めく芸能人やタレントが多数起用されていることをよく見かけます。

その今を時めく輝けるタレントがＣＭでＰＲすることで、自分もそのようになれたり、そのような雰囲気を出せるようになるイメージを持って購入に繋がったりしています。

これを「信頼の移管」と言います。

商品は、新発売でまだ使ったこともない、でも、その輝くタレントには馴染みある信頼感があったり好感を持っている。

その結果、その新商品もきっと良いものだという信頼や価値が「移管」されたように感じるのです。

「自分の扱っている商品は最高です」

と自分で言うのと、同じことを第三者から言われるのとでは、大きな差がそこに存在します（あなたに絶大な信頼や影響力がある場合は別ですが）。

〔図表8　信頼の移管〕

お客様が憧れ尊敬する人物・会社の力を借りて、 短期間で自分や自社への信頼を向上させる

・有名人が推奨
・楽天やヤフーなどから認定されたショップ
・有名著者から推薦された無名著者　などなど

数多く、この「信頼の移管」は行われています。

もしあなたが、ビジネスに行き詰まりを感じていたとしたら、この「信頼の移管」でブレイクできるかもしれません。

あなたがビジネスの対象とする、高額を払うお客様が憧れ、好意を持つ人物や会社へアプローチし、提携や紹介依頼を実現させれば売上インパクトも大きくなるでしょう。

これが新しいあなたのレバレッジの利いた価値ある仕事になるかもしれません。

いろいろと試してみてください。

そうした有力者に商品を使用してもらいお客様の声として紹介できれば、かなりパワフルです。

・ネーミング、これで価値は5倍以上になる

デール・カーネギーの名著「人を動かす」をお読みになった方も多いかと思います。その中で紹介されている「人に好かれる6原則」の1つが「相手の名前を覚え、呼ぶ」というのがあります。

それだけ、名前にはものスゴイ価値があるということです。

そこに価値を感じている企業は、商品・サービスの名前を付けるネーミングに力を入れ、大きく投資しています。

実際にネーミングによって、売上アップした事例をお伝えします。

・「通勤快速」(靴下)

抗菌防臭加工のビジネスマン向け靴下は、はじめ「フレッシュライフ」というネーミングで発売されました。

しかし、その当時の売上は伸びない時期が続きました。

ところが、「通勤快足」というネーミングに変更したことによって、売上は10倍以上、跳ね上がったそうです。

・「お〜い　お茶」

缶入り緑茶として、そのままの「缶入り煎茶」として発売したところ、「煎茶」の読み方不明など、苦情が多くあったようです。

ところが、「お〜い　お茶」に変更後、何十年にわたり緑茶飲料シェア1位など爆発的な売れ行きを見せています。

その他にも
「モイスチャーティッシュ」→「鼻セレブ」

「山陽相互銀行」→「トマト銀行」

など、親しみやすいネーミングによって、売上増や預金残高増を大きく実現しています。

ここでも商品は変えずに売上が上がっていることに着目してください。

ちなみに、

「のどぬ～るスプレー」

「熱冷ましシート」

など、ユニークなネーミングで売上を伸ばす小林製薬さんは、

「お客様にとってわかりやすいか、覚えやすいか」

をネーミングする基準にしているそうです。

・売上を上げる最後の要素

商品を変えずに、売上アップの秘策をいくつかお伝えしてきました。

ここで重要なことを1つお伝えします。

売上アップの最後の重要な要素についてお話します。

それは何だと思いますか？

難しいでしょうか。

もったいぶらずにお答えします。

それは、「タイミング」です。

例えば、あなたが満腹時に、焼き肉の名店「叙々苑」の高級焼き肉を出されても食べれませんし、そもそも満腹では行きませんよね。

どんなに最上質の材料を使用していておいしい価値を存分に出せるものでも、タイミングを外せば無価値になってしまうのです。

花粉症の時期が過ぎた後で、

「花粉症の特効薬、出ました！」

と言われても、その場で「買いたい！」とはなりにくく、

「また来年に検討しよう」

となるわけです。

そのころには、競合も出てきて、売るのが難しくなったり、単価を下げざるを得なかったりします。

このタイミングを外さないことで、あなたの稼ぐ人生が決まると言っても過言ではありません。

お客様が「一番強く欲するタイミング」は、お客様に質問すればすぐにわかります。

まとめ

◎誰を対象にビジネスをするかが高単価販売のカギとなる。
◎最高の商品が売れる商品になるとは限らない。
◎信頼の移管を活用することでブレイクする。
◎ネーミングの威力を知る。
◎タイミングを外せば無価値になる。

6日目

冷やかし客との商談はあり得ない

・年収5000万円以上稼ぐセールスの一番の違いとは

例えば、保険の営業マンでも自動者の営業マンでもイメージしてみてください。
どちらも扱っている商品は同じです。
しかし、売れている人は多くの顧客を抱え数千万円以上稼いでいます。
一方、売れない営業マンであれば、生活費を稼ぐこともままならないでいます。
その違いはどこにあるのでしょうか。

・商品知識の量？
・提案力？
・プレゼン力？
・人柄の良さ？

確かにこうした要素は大切なのは間違いなさそうです。
しかし、一番大切な違いが抜けています。
それは、「買わないお客様を見抜くスピードが早い」ということです。

どういうことでしょうか？

例えば、自動車の営業マンを例に考えてみます。

稼ぐ営業マンは月に30台販売しているとします。

一方で稼げていない営業マンは、月に1台しか販売できていないとします。

この稼げていない営業マンは月に1台販売できているので、受注成約までの一連のプロセスは何とか押さえていると考えられそうです（プロセスの質の問題はあるかもしれません）。

だとすれば、この営業マンは時間をかければ30台売ることができそうですよね。

仮に月に1台のペースが続くとすれば、30か月で30台の受注ができそうです。

稼ぐ営業マンは、それをわずか1か月で達成している。

この違いで、一番大きいのが「買わないお客様を見抜くスピード」なのです。

言葉は悪いのですが、「冷やかし客は捨てる」ということなのです。

（もちろん、紹介依頼をすることなどはあります）

私にも経験がありますが、「冷やかし客」は、買う気は全くなく、話し相手を探していたり、

自分の情報収集のために笑顔で近づいてきて、営業マンのトークに対する反応が良いのが

特徴で、営業マンも勘違いしやすいのです。

また、目標達成が厳しく上司から強いプレッシャーをかけられている営業マンは、精神的な安堵感や売れる期待を胸に自らが積極的に「冷やかし客」にアポを取って訪問していることも多くあります（私にも経験がありますので、よくわかります）。この買わない「冷やかし客」を見抜く力がカギなのです。あなたの場合、この点はいかがでしょうか？

・大半の企業が間違えている見込み客の考え方

買わない「冷やかし客」を早く見極めることが大切であるとお伝えしました。

要は、お客様になる可能性が高い、いわゆる「見込み客」を見極めないといけないのです。

この「見込み客」という言葉は、営業会議などでも頻繁に飛び交う言葉だと思いますが、その本当の定義については、多くの企業でも正しく理解されていません。

だから、お金にならない企業や個人の「冷やかし客」に無駄な時間と労力を奪われてしまっています。

活動量だけはそれなりに多いので仕事をした気にはなりますが、成果はさっぱりという

〔図表9　見込み客の定義〕

お金を払ってでも自分や自社の問題を解決したい、願望を達成したい「個人や企業」

現象が起きるのです。

では、正しい「見込み客」の定義とは何でしょうか。

それは「お金を払ってでも、自分や自社の問題を解決したい、願望を達成したい」個人や企業を指します。

私が以前勤めていた企業でも、ホームページから問い合わせが来た、とか提案プレゼン依頼が来た、という状況があれば、買う可能性が極めて高いAランクのお客様候補として対応していましたが、単なる情報収集であったとか、すでに受注先が決まっている状況での数合わせの当て馬プレゼンだったということが意外なほど多くありました（もちろん、受注先もありましたが）。

なので、

「お金を払ってでも問題解決したいか、そして、その理由は何か」を明確に確認してください。

それによって、「見込み客」とだけ商談できる可能性が劇的に高まり、稼ぐ人財、経営者として花開くことが可能になります。

・見込み客の3段階

「冷やかし客」にはまらずに、この「見込み客」をいち早く見極めるためにも、「見込み客」の3段階をお伝えします。

必ず押さえておいてください。

・1段階：　問題について悩んでいる
・2段階：　問題の解決策を探している
・3段階：　すでに問題解決策（商品・サービスなど）を購入した経験がある

それでは、説明していきます。

〔図表10　見込み客の３段階〕

第１段階：　問題について悩んでいる

→「見込み客」と「冷やかし客」が混在

第２段階：　問題の解決策を探している

→「見込み客」の可能性高いかも

第３段階：　すでに問題解決策（商品・サービスなど）を購入した経験がある

→完全な「見込み客」

例えば、肩こり、頭痛に悩んでいる人は1段階に該当します。

悩んでいるだけでお金を払う価値観はなく、その問題を放置する人もいます。

そういう点では、この段階では、「冷やかし客」と「見込み客」が混在していると言えます。

そして、その問題に対して、薬を買う、医者に行く、マッサージを受けに行くことなど、何らかの問題解決策を探している人は2段階に該当します。

この段階では、お金を払ってでも解決策を探したいという意思があるので、ある程度は「見込み客」と言えそうです。

ただ、どこで解決するか、いくらまでなら支払うかを決めていないので、販売者からしたら「見込み客の可能性は高いかも」というレベルです。

3段階にいる人は、実際にお金を支払った経験があるので完全な見込み客です。

ただ、マッサージに3000円までは支払うけど、10000円はちょっとね・・・というようなその方の価値観があります。

その場合、3000円までは支払うことに抵抗感は少ないわけです。

逆に、肩こり、頭痛がしても、お金を払ってでも解決する価値観がない方は、

「肩こり　改善　無料」

のようなキーワードでネット検索します。

このような価値観を持つ方には、いくら知識や技術があり肩こり、頭痛解消ができることを力説しても成約することは難しいです。

おわかりのとおり、ここに時間とエネルギーを使うのは、得策ではありません。

・見込み客を判定できる魔法の質問

『この「見込み客」の3段階はわかった、でもどうすればいいの？』

とあなたは思うかもしれません。

この「見込み客」を判定できるスピードが早ければ、あなたは買う気がある「見込み客」との商談ができるので変なストレスは一切なくなるでしょう。

逆に、「冷やかし客」との面談で淡い期待をいだき妄想にかられながら結局は「ノー」の答えをもらう日々が続けば、自信はなくなり、顔からは生気が消え、人間不信やメンタル疾患へのリスクが高まってしまいます。

ここで、あなたに朗報をお届けします。

その「見込み客」かどうかを判定できる魔法の質問があるのです。

それは、「今までに、こういった商品・サービス（あなたが扱っている商品・サービスなど）を購入したり、受けたりしたことはありますか？」という質問です。

「えっ、そんなことかよ」と思われた、あなたはかなり優秀な方です。

実際のところ、この質問をできない方は驚くほど多くいます。

高級ブランドショップのマネジャークラスでもできていなかったりします。

商品を購入したり、サービスを受けたりしたことがあれば、それは完全な「見込み客」です。

さらに、次の質問ができれば「鬼に金棒」です。

それは、

「その商品・サービスに対して100％満足していますか？

何がどう改善されれば100％の満足感に近づくことができそうでしょうか？」

通常、100％満足していることはないので、改善点を探し始めると思います。

つまり、それはその「見込み客」が感じている最大の不満やフラストレーションです。

それが聴きだせれば、解消するサービスを付加して自社は提供できますよ、と提案するだけで受注可能性が大になります。

「見込み客」を特定し、以前購入した商品・サービスに対する不満・フラストレーションを聴き、それを埋める提案をする、このポイントを押さえておけば、あなたのセールス・販売はさらに飛躍するでしょう。

・勝てるセールステンプレートをつくりだす

「見込み客」が特定できたとしても実際に販売しないと稼ぐことができませんし、貢献することもできません。

億円を稼ぐ起業家が使うセールス・メソッドを使いやすいようにシンプルにアレンジしたテンプレートがあります。

特別にあなたにプレゼントしたいと思います。

これは、セールスせずに商品・サービスが売れてしまう7ステップから構成されています。

あなたの業界にフィットした形でアレンジを加えながら、「勝てるセールス・テンプレート」として進化させてください。

では、解説していきます。

まず1つ目は、

「願望や悩みを聴く」です。

「見込み客」が商品・サービスを購入するのは、願望達成や悩みを解消するためです。

そのための手段として商品・サービスを購入するわけです。

間違っても、いきなり商品説明はしないでください。

願望や悩みがわからなければ、何を提案すればよいかわからないですよね。

ですから、最初は、願望や悩みを聴くことに全神経を集中させてください。

次に2つ目は、「現在まで購入してきたもの、やってきた取り組み」を聴きます。

お金を払ってでも願望達成や悩み解消したい「見込み客」は、今までに何らかの商品・サービスを購入し何らかの取り組み、努力を行っています。

そして、3つ目の「フラストレーションを引き起こす敵の特定」に進みます。

これは、今までの購入したもの、受けてきたサービス、そして、今の取り組みがうまくいっているか、を聴くのです。

うまくいっていない、満足していないから新たな解決策を探していて、今あなたの目の前にいる可能性は高いです。

そのうまくいっていないフラストレーションを引き起こしているものが、「見込み客」にとっての「敵」であり、特定しなければなりません。

一刻も早くそれを解消することを強く望んでいるのです。

次に、4つ目は、「問題の真因」を探ります。

そのフラストレーションを引き起こす「敵」について、その問題の真因を科学的な根拠、データなどを示すことができれば、あなたへの信頼感、専門家としての権威性が一気に高まります。

表面的ではない、根本的な問題解決を提示されるとお客様はあなたを手放すことができなくなります。

5つ目は、「解決策（ソリューション）を提案」します。

ここで、大切なのは、提案するのは解決策（ソリューション）にフォーカスすることであって、商品・サービスを前面に押し出すのではないことです。

見込み客は、解決策が欲しいだけで、商品・サービスが欲しいわけではありません。焦りは禁物です。

そして、6つ目は、「商品・サービスに対する興味の有無の確認」です。

これは、興味もない人に話をする無駄な時間はないわけです。

ここまでのステップで「興味はない」という展開になる可能性は低いですが、ここでこ

〔図表11　億円を稼ぐ起業家が使うセールス・テンプレート〕

1．願望や悩みを聴く
↓
2．現在まで購入してきたもの、取り組みを聴く
↓
3．フラストレーションを引き起こす敵を特定する
↓
4．問題の真因を探る
↓
5．解決策（ソリューション）を提案する
↓
6．商品・サービスに対する興味の有無を確認する
↓
7．手に入れる未来に対する興味のフォーカスポイントを聴く

のように確認することで、「見込み客」があなたの話を聴く体制・準備が整います。

最後の7つ目は、「手に入れる未来に対する興味あるフォーカスポイント」です。

これを「見込み客」の口から語ってもらうことで、「見込み客」自身が自分で自己説得を開始します。

これは、生物学用語でいう「オートクライン」と言います。

自分が口にしたことはやろうとする、守ろうとする作用を応用させています。

この点が売り込みを感じさせない最大のメリットです。

脳科学的な観点からも、話すのではなく、「見込み客」に語らせる、ことが大切です。

最強のセールスステップは、自分がべらべら話すのではなく、とにかく「見込み客」に語ってもらい、言葉は適切ではないかもしれませんが、自己洗脳を促します。

この「7ステップ」をあなたのビジネスに応用し、多くのお客様を救ってください。

具体的にイメージできるように、シンプルなストーリーで説明します（フィクションです）。

あなた：　人材育成に関する集合研修の費用対効果を重視する会社さんが増えてきています。

　御社でも、その傾向はありますか。

　また、何か強い問題意識を持つ悩みやテーマはありますか？

（ステップ1：　願望や悩みを聴く）

見込み客：そうなんですよ。研修の投資対効果については、当社の社長からも日頃からかなり強く言われていて、何とかしないとまずいんですよ。

　頭が痛いテーマなんです。

あなた：　そうなのですか。そのぐらい社長さんがこだわっているのでしたら、以前からもいろいろと取り組まれてきたのではないですか？

（ステップ２：　取り組みを聴く）

見込み客：よくおわかりですね。大手研修会社の研修を受けさせてはいるものの、投資対効果が高いとは言えません。受講者にもやらされ感があったりして、研修アンケートにも平気でそう書いてきたりして、頭が痛いところですよ。

（ステップ３：　フラストレーションを引き起こす敵を特定する）

あなた：うまくいっていない、満足していない、でも、何とかしないといけない、と強く感じているわけですね。ちなみに、何が問題の根源だとお考えですか？

（ステップ４：　問題の真因を探る）

見込み客：受講者にやらされ感があり、モチベーションが低いことでしょうか？

あなた：確かにその可能性はありそうですね。ここにある、いくつかの研修報告書を拝見したところ、研修の開催案内の文章が一般的な感じがややします。そのためか、研修を受ける意義・重要性を感じにくい、是非この研修を受けたい、意欲喚起につながっていないのかもしれませんね。

ちなみに、投資対効果の高い研修を行っている会社さんは、開催案内は社長名で出していることが多いですよ。

そして、もう1つ重要なのが、現場の教育ニーズです。

各人で、その人にフィットする研修テーマは違いますよね。

ここを無視して、一律の研修を多くの受講者に受けさせせた方が得だ、と考える人事マネジャーは多いのですよ。

（ステップ5：　解決策（ソリューション）を提案する）

見込み客：なるほど！　確かにそうですね。
やはり専門家は一味もふた味も違いますね。

あなた：今申し上げたことも含め、御社社長さんにもご満足いただける、投資対効果の高い研修プログラムをデザインし、研修も実施できるという「ハイリターン・メソッド」というプログラムがあるのですが、ご興味はありますか？
（ステップ6：　商品・サービスに対する興味の有無を確認する）

見込み客：もちろん、あります！

「ハイリターン・メソッド」を是非ともお聞かせいただけませんか？

あなた：ええ、いいですよ。

ちなみに、仮にこのメソッドを採用して、受講者からも社長からも大好評だったとします。どんな未来が待っていそうでしょうか。

一番興味ある点はどこでしょう？

（ステップ7：手に入れる未来に対する興味のフォーカスポイントを聴く）

見込み客：それはもう皆に感謝されれば嬉しいですし、人事としての立場や影響力も上がります。

功績を称えられれば、何よりも昇進するチャンスが私に……

いかがでしょうか。

人材育成に関する研修会社の営業という設定でのフィクションでしたが、イメージは掴んでいただけたのではないでしょうか。

もちろん、他の業界でも応用可能です。

是非ともやってみてください。

・勝ちパターンを自動化する

お伝えした「7ステップ」を実践し、経験を積むことで、「あなたの勝ちパターン」が見えてきます。

この勝ちパターンを、インターネットを最大限に駆使して、自動的に見込み客が集まり、セールスをしかけることに展開することができます。

ホームページ、ユーチューブ動画、フェイスブック、ブログ、書籍、電子書籍、インターネット広告など、さまざまな入り口をつくり、あなたのことを認知してもらえるようにします。

このときに注意する点を1つお伝えします。

それは、あなたがビジネスの対象とする方が日頃見ている媒体を選ぶことです。

例えば、あなたが老人向けビジネスを展開しているとします。

それなのに、老人が見ないような媒体に広告を出すのはいかがでしょうか。

投資対効果は低そうですよね。

もちろん、老人の方のご子息を入り口にした老人向けビジネス展開には意味はあります。

・セールス＝ヘルプのマインドセットを持つ

セールスという語感、響きに対して、どのような印象をお持ちになりますか。

家の門扉には「セールスお断り」と書かれたステッカーやプレートを取り付けている家も時々見かけます。

一般的にも、セールスには、売りつけられる、買わせられるなどの語感が強くあるようです。

不要なものを無理やり売りつける手段がセールス・・・そんなイメージでしょうか。

もちろん、お客様の願望を叶える素晴らしい商品・サービスを扱っているあなたは、誇りを持ってセールスを行っていると思います。

今までお伝えしてきたように、セールスは「見込み客」の願望や悩み解消を通じて、未来をよくするサポーターであり、救世主なのです。

つまり、「セールス＝ヘルプ（人助け）」なのです。

〔図表12　セールスへのブレーキを外す〕

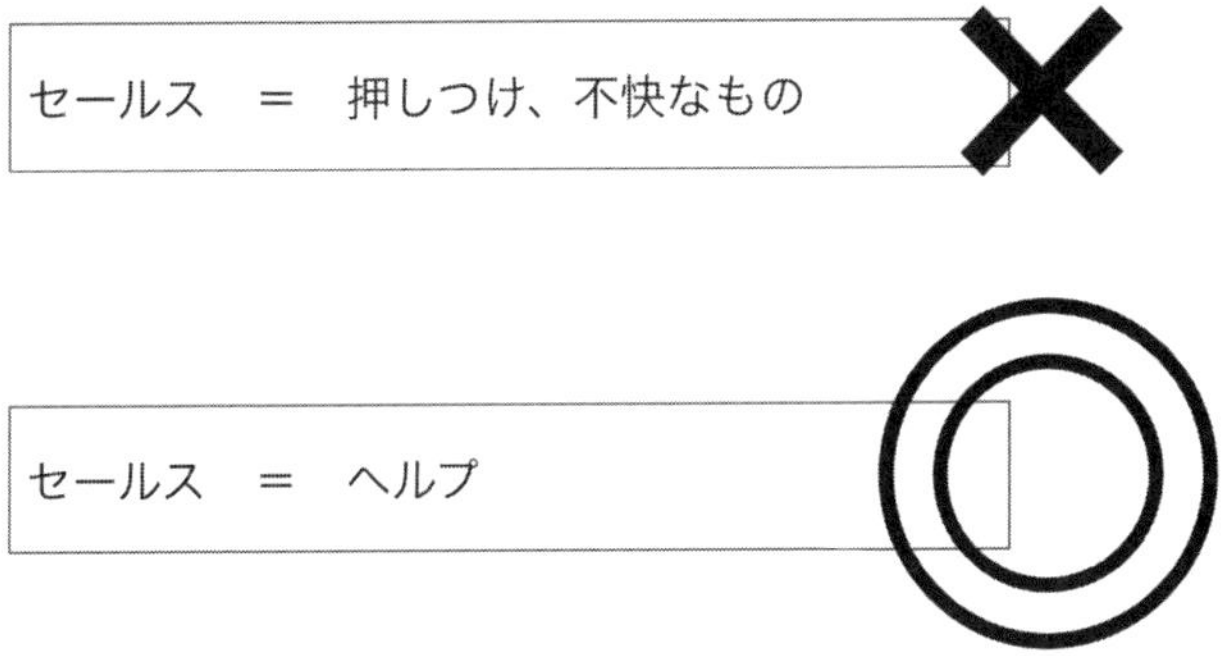
セールス　＝　押しつけ、不快なもの
セールス　＝　ヘルプ

ここで、大切なことをお伝えします。

セールスは、ヘルプである、というあなたのメッセージを「見込み客」に説明し、宣誓してください。

いくらあなたが「セールス＝ヘルプ」という熱い想いを持っていたとしても、それを「見込み客」が知らなければ意味はなくなってしまいます。

「セールス＝押しつけ、不快なもの」などのように思われているのであればなおさらです。

「セールス＝ヘルプ」を宣誓し、その約束を果たし続けることがあなたのブランドになります。

「見込み客」の脳内にあなたが存在し続け

られれば、このときに成約できなかったにしても、あなたにはチャンスがきっと巡ってきます。

あなたは、「見込み客」の未来をよくする選択肢を提示するだけです。

なぜなら、「あなたを選ぶかどうかは、お客様が決めること」だからです。

これを絶対に忘れないでください。

まとめ

◎買わない冷やかし客を早く見極める。
◎見込み客の正しい定義を理解する。
◎見込み客の3段階を知る。
◎魔法の質問で見込み客を見極める。
◎億円を稼ぐ起業家が使うセールステンプレートを使いこなす。
◎インターネットで勝ちパターンを自動化する。
◎セールス＝ヘルプで心のブレーキを外す。

7日目

勝ち続けるための
3つの視点

億を軽く超えるメンター他から教わった、稼ぎ続け、勝ち続ける３つの視点をお伝えしたいと思います。

・その１：損失・痛みを知る

あなたが稼ぐ人財、起業家になる理由は何でしょうか。

それは、稼ぐ目的でもあります。

この目的が明確である人は多いと感じます。

私のクライアント企業の管理職の方々は、ほとんどが、この目的が明確であり、目標管理シートなどに模範解答のように書けています。

しかし、目標達成状況は芳しくない方もいらっしゃいます。

なぜなのか？

理路整然と目標の意義・重要性は語れるのに達成できない。

目標の難易度が高すぎるというのもあるでしょう。

やってもやらなくても処遇は変わらないという会社風土もあるかもしれません。

インタビューを1回行っただけですが、達成できない本当の理由がわかりました。

それは、絶対に達成したいというポジティブな感情に根差した目標ではない、
あるいは、絶対にやらなければマズイというネガティブな感情に根差した目標ではない、
それが達成できない理由です。

心理学的には、人が強烈に動くのは、２つしかない、と言われています。

１つは、「快楽」。

もう１つは、「苦痛からの回避」。

つまり、絶対に達成したい強い願望としての快楽、そして絶対に避けたい苦痛を回避することが、強烈な行動を起こす根源的なエネルギーとなるのです。

そして、この「快楽」と「苦痛からの回避」ではどちらがより強いエネルギーを発し、行動促進につながるのか。

それは、「苦痛からの回避」の方がおよそ2倍強いという調査結果があるそうです。

ですので、稼ぎ続ける行動を継続するためにも、この「苦痛からの回避」、「強烈な痛み、損失」を直視してください。

今のままでいることのリスクは何か。

〔図表13　人が強烈に動く2つの欲求〕

1．快楽

2．苦痛からの回避

※「1．快楽」よりも
「2．苦痛からの回避」のほうが2倍ほど強い
という調査結果もあるようです

どんな不利益を被る可能性があるのか。

もし、全く見当が付かないというのであれば、周囲の稼いでいる人、上司や経営者に質問してみてください。

あるいは、ビジネスマンの市場価値を熟知する転職コンサルタント、ヘッドハンターでも良いです。

目が覚めるような一撃を食らうことと必至です。

でも、大丈夫です。

この現実を直視することから、あなたの稼ぎ勝ち続ける人生がスタートします。

・その２：　価値を提供できる人間になる

すでに何度もお伝えしてきましたように、ビジネスは価値交換です。

あなたが、お客様の望む価値を提供し、対価を得る。

ですから、価値提供の大きさと人数が多くなるほど、あなたは稼げます。

お客様のワクワク心躍る強い願望、胸が張り裂けそうな強烈な痛みを理解してください。

そして、十分な価値を届けられる救世主となるのです。

そのためには、お客様の願望達成、痛み解消の専門性を深め、プロフェッショナルになってください。

賢明なあなたは、ここで言うお客様という表現は、お金を払う意思を持つ「見込み客」のことであって、買う気のない「冷やかし客」ではないことを理解しているはずです。

「冷やかし客」は、お金を払う意思がはなからないので、あなたがどんなに価値を提供しても、お金にはなりません。

したがって、「見込み客」の望む価値にフォーカスすることが大切です。

・その3：　自分を信じる

最後の3つめは、自分を信じる、ことです。

つまり、読んで字のごとく、自信を持つことです。

どうすれば自信を持つことができるようになるのでしょうか。

人それぞれで、いろんなやり方があるかもしれませんね。

私がメンターから教わったのは、「小さな成功体験」×「その数」です。

ポイントは「小さな」と「数」です。

「小さな」が重要なのは、大きな成功体験はなかなかできないからです。

小さく踏み出し、達成する。

これを繰り返していくと、「達成グセ」が付いていきて、あなたの当たり前の基準が上がってきます。

新入社員が考える仕事の当たり前は、管理職が考えるものとは違いますよね。

経営者が考える仕事の当たり前は、さらに違ってきます。

〔図表14　自信を高める方法〕

小さな成功体験　×　その数

※「大きな成功体験」はなかなかできない

※小さく踏み出し、達成する「達成グセ」が
　あなたの自信を高める

量が質を向上させる、イメージです。

例えば、生まれて初めて自転車に乗ることを思い出してみてください。

１回目で乗れるようになりましたでしょうか。

いや、そんなはずはありませんよね。

何度も何度も乗る練習をして転びながら乗れるようになりました。

つまり、１回でうまくいくはずはないのです。

これを覚えておくと大変に便利で、すぐに投げ出さなくなります。

一度、うまくいかないと投げ出し、やめてしまうビジネスマンが多いからです。

量をこなし、小さな成功体験の数が増えて

自信がついてくると、自分の勝ちパターンが見えてきます。

この段階までくれば、自分の中で確固とした基盤が構築され、積極的にチャレンジすることができます。

この自信を磨き続けること、これこそ、あなたが稼ぎ続ける人財への最速の道なのです。

まとめ

◎損失・痛みを直視する。
◎価値を提供できるプロフェッショナルになる。
◎「小さな成功体験」×「その数」で自信を高める。

エピローグ

・90歳以上の90％が回答する人生最大の後悔とは

アメリカで90歳以上の方々を対象にした興味深い調査が行われたそうです。

その調査では、質問がただ1つ。

「これまでの90年に及ぶ人生を振り返って、最も後悔していることは何か」

この質問に対して、回答者の90％の人が同じ回答をしたそうです。

それは、「もっとやりたいことをやっておけばよかった」という回答です。

これは非常に示唆に富む調査結果だと私は感じています。

なぜなら、高齢になったときに同じように感じる可能性が高いからです。

私は後悔の少ない人生を送りたいと考えています。

あなたもきっとそうだと思います。

後悔には2つの性質があり、これを知っておくだけで、あなたの人生は後悔少なく謳歌できるものとなります。それは、
・チャレンジして失敗したとしても、その後悔は時間とともに小さくなる

・チャレンジしなかった後悔は、時間とともに大きくなる

という2つの性質です。

ですから、後悔したくなければ、今、チャレンジしましょう。

チャレンジとは今のあなたの力を超えた領域に足を踏み入れることです。

先ほどの初めて自転車に乗る時のように、最初からうまくいくことはないでしょう。

しかし、チャレンジとは、いつも難しいものに向かうことを私はオススメしていません。

失敗が続くほど、人は傷つき自信を失い、行動できなくなるからです。

ですから、いつもよりほんの少しだけストレッチするような、小さなチャレンジを積み重ねてください。

これは、先ほどお伝えした「自信の高め方」のことです。

「小さな成功体験」×「その数」でしたよね。

例えば、

・いつもより10分早く起きる

・エスカレーターではなく階段を使う

・会議では必ず1つは提案する

・自分を高めるために1日10分読書するなどのような簡単なことからで結構です。

自分の周囲にいる相手に価値を提供するために、役立つことを少しずつでもスタートしてみてください。そして、自分の限界にチャレンジしてください。

そのために、自分の持っているものを出し切ってください。

筋力アップと同様に、チャレンジして出し切っていくと自分の力や器のステージが上がっていきます。

出し惜しみはダメです。出し惜しみが当たり前になれば、いつの間にか、自分の力や基準が下がり、後悔することになります。

チャレンジして出し切る習慣を持ってください。出し切ることで「あなたに必要な次のステップ」が見えてきます。そんなあなたを人は応援したくなるのです。

・結局は、知っているか知らないか、やるかやらないか、だけ

幼稚園、小学校、中学校、大学、企業生活の各ステージにおいて、常に「先生」という、

あなたに教えてくれる存在がいました。

稼ぐ人財、経営者になることも同様です。すでに先を歩き、多くの成功体験、失敗体験を持つ、「先生」が存在します。あなたの強い願望をすでに達成している人、あなたの強烈な痛みを解消してきた人は、必ず存在します。

そういう「先生」を見つけてください。

あなたに起きることへの処方箋は、すでに世の中に必ずあります。

要は、その処方箋を「先生」を通じて、

「知っているか知らないか」

「やるかやらないか」

だけなのです。

ここで、盲点を1つお伝えします。

「先生」をフル活用する方法です。

それは何か。

答えを言います。それは、「指導される力を持たなければならない」ということです。

「先生」はあなたの先を歩んでいて、いろいろな経験をしています。

上手くいくやり方も、そうでないやり方も熟知しています。

その稼ぐ英知、秘策、メソッド、ノウハウをフル活用できれば、あなたの稼ぐ人生の追い風になることは間違いないでしょう。

しかし、「指導される力」がないばかりに、「先生」から数々のメソッドを引き出せず、何の成果も生み出せていない人も多くいます。

「先生」も人間です。あなたと同じように感情を持っています。

・「先生」が丁寧に教えてくれた知識・ノウハウを実践しない、

・実践後の結果をフィードバックしない、

・メールで質問をして回答をもらってもお礼メールも出さない　など

「先生」から嫌われやすい行動です。

要は、「指導される力」＝「先生がいろいろと教えたくなる力」なのです。

「先生」がいろいろと教えたくなるような振る舞い、発言、行動は何でしょうか。

お勤めの方の場合も同様です。経営者、上司、先輩などから、良い意味で「えこひいき」されてください。いろいろと教えてもらってください。

独学で「稼ぐ人財になる」のは難しいです。

・あなたはすでに30億円の資産を持っている

「30億円欲しいですか？」と質問されたらどう思いますでしょうか。

「怪しい、詐欺かも。でも、そうでなければ欲しい」

と思いますよね（私だったらそうです）。

しかし、こう言われたらどうでしょうか。

「わかりました。

30億円欲しい想いが本物のようなので差し上げます。

ただし、あなたの目と耳をくれたら、30億円差し上げます」

自分の目と耳を差し出してまで、30億円欲しい、という人はほとんどいないのではないでしょうか。

つまり、私たちは、いくらお金を積まれたとしても譲ることのできない資産を神様から与えられている、ようです。

この大切な資産をあなたはどのように活用していますでしょうか。

・あなたにとって一番大切なもの

本書を最後まで読んでいただき、ありがとうございます。

ここに書いてあることは、私自身実証済みのノウハウであり、億を軽く超えるメンターから学んだ教えのエッセンスを厳選し、シンプルに記載しました。

ですが、このままではあなたは何も手に入れられていません。

あなたには、必ず「本物のノウハウ」を手に入れていただきたいと思います。

はじめにの章でもすでにお伝えしていますが、復習です。

「本物のノウハウ」とは何か。

先ずは、できるところからでも、行動を起こしてください。

行動を起こして、あなたが感じること、よりうまくいかせるために改善を重ねること。

これこそが、「あなたにとっての本物の価値あるノウハウ」なのです。

そして、その「本物のノウハウ」で価値を提供してください。

多くの人々を救ってください。

本書は言うなれば、「稼ぐ人財になる、育成する」ための基本書です。マインドセット、考え方、視点を重視しています。なぜなら、ここを外せば、どのようなノウハウやメソッドも成果を生み出しにくくなるからです。

実践しながら本書を何度もお読みください。何度も読み返すことで、「長期記憶」として大脳新皮質の側頭葉に保管され、あなたの血や肉となり使いこなすことができるようになります。

あなたにとって一番大切なものは何でしょうか。

家族、健康、友達、成長、仕事・・・いろんなことがあると思います。そのすべてを守っていくためにも、「稼ぐ人財になる」ことが近道だと思います。なぜなら、稼ぐ人財になることで、大切なものを守るための選択肢が増え、精神的な自由が獲得でき、自分の人生を生き切ることにつながると信じているからです。

人生は一度きりです。本書を通じて、あなたの人生が少しでもエキサイティングな理想の人生に近づくことを心より願っています。

先ほどお伝えしましたように、本書は「稼ぐ人財になる、育成する」ための基本書で、マインドセット、考え方、視点を特に重視しました。

お読みいただいた読者の方々の声、反響、ご要望等に応じて、次作内容を検討できればと考えております。

ぜひとも本書の内容を実践して、成果が出た等、嬉しいお知らせをお寄せいただければ著者として誠に幸甚です。

とにかく、先ずは行動を起こしてください。行動を起こさない限りは何も手に入らないのです。小さなことからでも構いません。

例えば、あなたが「かつ丼」を食べたいとします。「かつ丼、かつ丼、かつ丼・・・」と毎日強く念じたところで、「かつ丼」があなたの自宅にやってくることはありませんよね。

・かつ丼店に出向く
・「かつ丼ください」と注文する
・かつ丼の代金を払う

という行動が少なくとも必要なのです。

これと同様に、「稼ぐ人財育成」を実現するためには、そのための必要な行動を起こすことです。

・行動を起こす

・結果が出る
・上手くいけば、それは成果となる
・上手くいかなければ、改善を繰り返す

シンプルですが、これだけです。

多くの方が、満足のいく成果を手にすることができていないのは、「行動していない、あるいは、行動量が圧倒的に不足している」からです。今日から「行動する」ことを今までよりも強く意識し、実行してください。

そのためには、「やらざるを得ない環境をつくること」です。

あなたが行動を起こさざるを得ない状況、環境はどのようなものでしょうか？

過去を見てください。そこに多くのヒントが存在しています。

自分と向き合い、やらざるを得ない状況、環境を創り出して、行動を起こす。

「稼ぐ人財育成」を一刻も速く手に入れてください。

ただ、一方で、本書を読んだだけでは、どこから手を付ければよいか等、迷ってしまったり、確信を持てなかったりしてなかなか行動に移せない方もいらっしゃるかもしれません。

（私がそうでしたので）

本は、その特性上、ある程度はどうしても一般化せざるを得ない点があり、そこが行動に繋がりにくいボトルネックとなることが多くあります。

シンプルに言えば、「個別対応が十分にできない」ということです。

さまざまな背景、価値観、状況を持つ読者の方の個別事情を考慮することができないのです。

そこで、私は、そのようなあなたが次の一歩を軽やかに進めていけるように、購読者限定で個別相談（特別無料）をプレゼントいたします。

この面談を通じて、具体的な成果を最速で手に入れていただければ嬉しいです。

（手前味噌ながら、個別面談を受けられた方の満足度は１００％を継続中です）

一般的に、個別無料相談でよくあるのは、売り込みですが、そのようなことは一切ありません。

本書をお読みいただいたご感想など少しお聴かせいただくことで、次作内容の参考にさせていただければ幸いです。

個別相談は、

・メール相談
・直接お会いしての個別面談（45～60分）※東京都23区内
・スカイプ面談（45～60分）
のいずれかご希望の手段にて実施します。
特別無料にて実施しますので、ご興味ある方は、次のアドレスまで、「購読者限定の無料面談プレゼント希望」とメール送信をお願いします。その後、個別にて調整させていただきます。

【メール送信宛先】　ts_shibata@pl-consulting.biz
　　　　　　　　　　ts.coach.consulting@gmail.com
（恐縮ですが、受信を確実にするために2つのアドレス入力にてお願い申し上げます）

なお、このプレゼントは期間限定で実施します。
時期によっては、コンサルティングや研修が続き、多少お待たせする場合があります。
その点だけはご了承いただきたく、お願いいたします。
最後までお付き合いいただき、ありがとうございます。
本書があなたの人生のお役に立てれば本当に嬉しく思います。

著者略歴

柴田　亨（しばた　とおる）

TSR パワーライフ・コンサルティング 代表
（最速で稼ぐ人財、起業家育成コンサルタント、コーチ、研修講師）
大阪外国語大学（現 大阪大学）卒。17 年に及ぶコンサルティング業界でセールス、マーケティング、講師を担当。社内競争の激しさから人間関係の難しさ、無力感、劣等感、数々の逆境を経験し、乗り越えてマネジャー、取締役を歴任、その後、独立。中堅・中小企業から大手企業のおよそ 2000 人を超える経営者、幹部、リーダーへのインタビュー分析結果と億万長者メンターとの出逢いから伝授された成功メソッドを検証、進化させ、クライアント企業、個人起業家の成果創出に多数貢献。
◎わずか起業 2 週間で 840 万円超のコンサルティング契約を受注。
◎左遷間際の管理職が 14 億円超の新規受注を達成し超花形部署へ出世栄転。
◎東証一部上場企業の普通の管理職が経営幹部へ抜擢昇進。
◎並みの管理職が三段階飛び級で取締役へ出世。
◎ HP、ブログ等の SNS を一切使わずに、大手競合他社に圧勝、高額受注を連発。
著書『最速で稼ぐ人財・起業家になる！　最速の 3 ステップ』（ダイジェスト版）【Amazon ランキング電子書籍にて第 2 位獲得。（ビジネス組織改革部門）】

稼ぐ「人財」育成のことがわかる本

2019年 5 月24日　初版発行

著　者　柴田　亨　© Toru Shibata

発行人　森　忠順

発行所　株式会社 セルバ出版
〒 113-0034
東京都文京区湯島 1 丁目 12 番 6 号 高関ビル 5 B
☎ 03（5812）1178　　FAX 03（5812）1188
https://seluba.co.jp/

発　売　株式会社 創英社／三省堂書店
〒 101-0051
東京都千代田区神田神保町 1 丁目 1 番地
☎ 03（3291）2295　　FAX 03（3292）7687

印刷・製本　モリモト印刷株式会社

Printed in JAPAN
ISBN978-4-86367-490-5